后浪出版公司

小学堂 018

読みの整理学

阅读整理学

(日)外山滋比古 著
吕美女 译

北京联合出版公司
Beijing United Publishing Co.,Ltd.

前　言

虽然笔者终生过着读书生活，却是到晚期才开始思考与阅读相关的种种问题。

一开始，我从感到非常困难的外文阅读中整理出一项假说，也就是"修辞的残像"。这使我对当时尚未明朗的阅读妙处，感觉到一丝光芒。

接着我留意到，不只是外国语文，连一般的阅读也可以分成两种阅读方式。其中一种是阅读已经理解内容的文章，另一种则是阅读不了解内容的文章。同样是阅读，但这两种阅读可以说是完全不同的境界。无论阅读既知的内容的能力有多强，阅读未知内容的能力也不见得会跟着提升，有时甚至处于完全无法理解的状态。

至今前人们做过不少有关阅读方法的研讨与教学，但是尚未严格区分既知与未知的阅读，以及厘清真正的阅读是什么。

因此，这本书是基于前所未有的想法，将焦点置于尚未厘清的问题上，进行有关阅读与解释的研究及考察。笔者诚心期待，读者能因为阅读此书，改变自己对阅读的想法。

目 录

序 章 ·· 1
  1.你能读懂未知的文章吗？ 3
  2.对说明书感到棘手 9
  3.读《论语》但不理解《论语》 15

第1章 ·· 21
  1.浅显易懂的迷信 23
    "困难至上主义"的式微 23
    《读者文摘》的冲击 25
    简明至上主义 26
    吃粥的读者 28
    理解方式的差别 29
  2.体育新闻 32
    "难懂"的新闻 32
    "不知道"，所以难理解 34

理解就是乐趣　35

3. 以自我为中心的加工　37

　　语言是一种习惯　37

　　固有名词的魅力　38

　　感动与误解隔层纱　40

　　"加工"的差异　42

4. 音读（诵读）　44

　　"懂发音就能读"的时代　44

　　阅读的基础——音读　46

　　熟悉的词汇　47

　　读完却没读懂的危机　49

第 2 章 ·················· 53

1. 教科书的隐忧　55

　　开始讨厌阅读　55

　　教导未知　56

　　阅读未知如面对两面墙　57

　　登峰造极的喜与忧　59

2. 后门读者　62

　　"旁门"的魅力　62

　　不读是因为读不懂　64

没有故事性　65

退　步　66

3. 批评的文章　69

介绍比批评好　69

"只闻其声未见身影"的批评　71

电视带来的"错觉"　72

哲学青年的消失　74

伪评论的横行　75

4. 恶文的效用　77

被翻译破坏的日语　77

通过翻译汲取未知　79

在思考中阅读　81

有益的恶文章　82

第3章 85

1. α 型阅读与 β 型阅读　87

"音读"的阅读　87

由既知展开的类推　88

混合阅读　90

阅读的问题　91

2. 幼儿的词语　94

母语的教育　94

　　重复学习既知与未知　96

　　母乳语与离乳语　98

　　决定一生的幼儿时期　99

3. 两种词语　101

　　退回到 α 型阅读　101

　　RC 与 EC 的理论　103

　　智商差等于语言能力差　104

　　β 语衍生人类文化　106

4. 切换　108

　　如何将音读转换为默读？　108

　　通过故事转换　110

　　止于文学　111

　　β 型阅读是所有学科的基本阅读方式　113

　　床边故事的教育　114

　　美丽的谎言　116

　　认识新事物　117

　　不知道才有趣　118

　　向危险的高山挑战　120

5. 素读　122

　　"不解其意"的阅读　122

一举攻下城中心　124
　　素读培养人格　125
　　可信赖的教科书　127
　　现在还是需要素读　128

6. 读书百遍　130
　　读完就成废纸　130
　　书变成商品　131
　　只看一眼的读者　133
　　β型阅读的最高手法　135
　　默念古典书籍　136

第4章　139

1. 古文经典与外国语文　141
　　遥远的古典　141
　　如何选定古典书籍？　143
　　学习外语的效果　144
　　英文的解释方法　145
　　消失的β型阅读　147

2. 寺田寅彦　149
　　制造读书环境　149
　　富裕让人不再"努力"　151

教科书上的寺田寅彦 152

未知的世界 154

3. 用耳阅读 156

完全背诵 158

用耳书写，用耳阅读 159

用耳朵读的佛经 160

宗教与阅读未知 162

4. 古典式 164

禅宗公案 164

需要时间 166

成为古典或走向风化 167

花费时间的 β 型读者 168

"等候百年之后的知己" 169

5. 阅读与创造 171

正确的意思靠"发现" 171

作者与读者的语境 173

推敲也能成古典 174

读者的删改 175

读者制造古典 177

6. 认知与洞察 179

发现的可能性 179

创　造　181

　　陷　阱　182

　　古典式阅读的必要　184

终　章　解读《桃太郎》 ·············· 187

后　记 ························· 194
出版后记 ························ 196

序 章

1. 你能读懂未知的文章吗？

"这篇文章有错误，请修正。"

三十年前，我曾收到这样的信。

问题来自某中学的国语科检定用教科书，三年级的课本里采用了我的一篇文章，主题为"虚虚实实"。这篇文章原来不是针对中学生写的，因此当初教科书编辑告知我要将它纳入教材时，我以此文对中学生太难为由，立刻拒绝。但是，对方无论如何都要采用，我只好添加和修改一些内容，改写成教科书形态的文章。即便如此，它还是很难理解。

事实证明，这篇文章被应用在教学中时，种种怨言便蔓延开来，包括太抽象、很难理解、无趣、很难教等，尽是抱怨。就我的立场而言，这实在有违写作的初衷。

尽管我已经尽力写得浅显易懂，不怎么热衷学习的学生仍然不可能读懂，这篇文章还是不该被列入教材。

"这篇文章有错误，请修正。"

因此我才受到以上的批评。刚收到信时，我不觉得讶异，对批评不以为意。因为不适合当教材，才导致学生有这种错误的判断。这封信的发信人是三年二班全体学生，尽管这封信让我感到不悦，我还是原谅他们，因为中学生少不更事，才会不假思索、口不择言，写出这样的信并寄给我。

即使我不在意，"这篇文章有错误"也不是看完就会忘记的语句。无论多令人讨厌，毕竟还是通过检定的教科书，不可能有中学生一眼就能辨认出的错误才对吧？用命令语气让人修改也不该是孩子们应有的表达方式，他们应该是不知道原委，所以希望我进一步说明吧！但他们却直接在脑中判定文章错误，这是很粗鲁的心态。当你怀着这种心态思考，就会愈来愈不开心。我最后忽略这封信，因为我认定他们是因为不够成熟，才会写出这种叛逆的书信。他们不是真心要求我提出说明，只是想用威吓他人的语气说话，猜想或许会因此获得某人的回信。我把信捏在手上撕掉，然后就放下此事。这些中学生已经为此文章感到气愤，我生怕自己再回信，会引起更大的骚动。

让这些中学生不能理解的是下面这段文字：

"所用的词语与想要表达的实际事物之间，并没有必然的关系。"

就算我自己阅读，也知道这并非很平易近人的写作方式，我非常理解读者乍读之下一定无法马上理解，但只要阅读后续的部分，便能通过具体的实例明白其中的意思。若只是取出这段文字，然后马上认定是"错误"，实在没有意义。对方只是尚未成年的中学生，对他们生气未免有失大人的风度。

为何他们断定我的文章有错误呢？

我不是很清楚理由，不过，他们在信中提到，曾经一个字、一个字地查字典，确认字词的定义，但怎么读都觉得这是错误的句子，因此信中出现了"请修正"的要求。因为他们是中学生，还没受过阅读文章的训练，认为只要查字典就能理解正确的语意，这也是没办法的事。字典只能在某种程度下协助我们理解词汇的意思，文章有部分意义超乎字典之外。如果不理解这个道理，只能说是在不了解字典功能的情况下使用字典而已。因为他们还是学生，无法苛求他们。即使是身为师长的人，在相同的状况下也可能会提出质疑。

我忘了过了多久之后，同一个班级的学生又写信来兴师问罪，问道："为何没有回信？我们班上开会决定将此文章列为瑕疵教材，并通告作者。"收到此信再度令我相当震惊，没有回信是因为当时的情况让我无法回信啊！这时候我已经顾不得成人的风度了。

这一班的老师到底在哪里？在做什么？我虽然未曾见过，却感到很不可思议。难道老师忙着其他的事务，完全放任不管，任凭学生自主学习吗？

我很努力地告诉自己写信时勿流于情绪，不过我已经被激怒了两次，再也说不出客气包容的话。我直言："各位的程度根本无法读这篇文章，虽然这是没有办法的事，但是把自己不能理解的就视为错误，这种思考方式才是很严重的错误。"我甚至说他们过于傲慢。

"所用的词语与想要表达的实际事物之间，并没有必然的关系。"如果不能理解这句话的意思，解决之道并非查字典，而是将这段文章改成"词语与想要表达的实际事物之间有必然的关系，也就是无法切割的关系"。若是这样将导致什么状况？如果这样的说法正确，才能说我的文章错误。

如果词语与想要表达的实际事物之间有必然的关系，那么"狗"这个字就等于狗本身，也就是说，任何国家称呼狗这种动物都只能用狗这个字。事实上并非如此，例如，日本人称狗为"inu"（汉字为"犬"——译者），英国的狗叫做"Dog"，德文的狗为"Hund"。换句话说，狗的词语和狗这种动物之间只是一种随机约定的关系，而不是"必然"的关系。

我并不期望中学生也能理解这样的道理。就算不理解也没关系，只要脑中存有印象即可，因为这就是所谓的阅读。我不断重复叙述，这样的语句却似乎没有达到效果，就像没说过一样。

这件事变成日后我偶尔会回忆到的不愉快事件。不过这件事也带来了出乎意料的收获，因为这个契机，我也在不知不觉间开始针对词语、文章阅读的本质展开种种思考。

我们一般理解和采用的阅读方式，是低层次的，最多只能得到与自己生活相近的知识。有关自己完全未知事物的文章，才是真正值得学习的有价值的知识。如果没有丰富的阅读经验，只用这种低层次的阅读技巧，根本无法达到阅读的效果。

也就是说，如果阅读的是已经知道的内容就读得懂，完全不知道的就读不通。而学校等场所教导的阅读技巧，几乎全部属于前者，让学生阅读的文章都是呈现学生已经知道的事物,几乎没有任何涵盖未知事物的文章。因此,我们的阅读只能说是阅读已知,即认为自己读得懂,然而这只是准备阅读未知的阶段而已,不能说是真正的阅读。

先前提到的中学生根本不知道还有更高层次的阅读,只运用低层次的阅读就认定读不懂的文章是错误。虽然他们的举止像儿童般幼稚,但是我不能嘲笑他们。因为未知的阅读必须靠高度智力及想象力的运作,如果只是跟大家用一样的方式阅读,效果无法保证。

能够阅读,但是读不懂书的内容,这样的人到底有多少?

此书试图探寻未知的阅读方法。提笔之前,我已经有了觉悟,这个举动可说是在没有地图的情况下,一窥未知的世界。

2. 对说明书感到棘手

曾几何时，人们梦寐以求的机器——文字处理机（Word Processor）——出现，没过多久，用文字处理机写明信片、书信流行了起来，连最初认为这种机器愚蠢的老古板，都逐渐学会了使用文字处理机。

某一次，一个政府的研究机构召开评议委员会议，召集外部委员听取该研究所的业务报告，并提出建言。评议会结束时，与会者共进午餐，进一步畅谈，成员们尽是语言、文章写作、日语方面的权威学者。

有位声音洪亮的评议员说："我开始使用文字处理机了，却不懂得使用方法，简直要我的命。虽然机器附说明书，对我却毫无帮助，无论我怎么读，还是完全不懂，忍不住怒火中烧。"

他的话就像一根导火索，其他的人听完后也你一句、我一句地附和他的意见。我想他们的想法应该是大同小异，有位评议员率先发表意见："技术人员通常只熟悉技术，不了解文章的写作方式。他们认为反正自己看得懂，只要大略解说一下，读者应该就能明白。问题是必须能够用正确的方式，教人懂得使用才行！刚才提到的说明书是不合格的瑕疵品。"

接着就有人说，理科出身的人用语都很粗糙，有很多人甚至不会写文章。大家你一言、我一语轮流发言，最后话题的重点就停留在日本的国语教育根本不够完善。

照理说，十几位评议员当中有一位表示无法理解说明书，应该是因为当事人的阅读能力不足才对，却没有人提出这项质疑。所有人都将错误归咎给写说明书的人，认为是他的写作水平太差，无法做出适合大众的文字说明。词语表现因人而异，这些人是专家，拥有相当的知识、教养，一时之间难以接受自己无法读懂的文章。他们如果读不懂，就认定作者文章写得不好，理由竟是"这篇文章不像文章"。

说明书跟着商品销售，因此也算是商品，如果内容写得不清楚，顾客就不可能读得懂。或许作者的文笔不是很好，但说明书一定是让读者读了以后就可以操作机器的文章，如果不是，也无法逃过制造厂商的检查。事实上，大多数使用者都是通过说明书，才能了解操作机器的方法，或许他们也曾觉得不好懂，但是不至于将说明书视为不懂作文的人写的。遇到不懂的段落就多读几次，同时试着操作机器，自然就懂了。

但是这些所谓的语言专家（对自己的阅读能力充满绝对自信的研究所评议员）抱持着莫名的自负心态，认为"世界上没有我读不懂的文章"，他们自我认定：只要是他们读不懂的文章就不能存在。他们欠缺谦卑心，无法自省问题是否出在自己的阅读能力不足上。

如果觉得能读文学作品或评论文章就算懂得阅读，这只能算是一种错觉。从来没有读过科学或技术方面的文章，却用读诗般的心情阅读说明书，再不假思索地指责说明书有误。他们不知道阅读说明书时，头脑的思考方式必然与阅读小说不同。先前提到的评议员之间的闲谈，刚好显露出语言专家中似乎还有人不了解这种道理。这段文章也无情地凸显出那些被尊称为学者、评论家的人，他们的语言素养仍然有待商榷。

文章如果在陈述完全未知的事物，对读者而言，就像在读取密码一般，不该抱着想要快速读完一遍就完全理解的想法，因为阅读时需要运用想象力，找出文章的脉络，判断文章的意思等高难度的认知。虽然古人往往强调"读书百遍，其义自见"，但也有不少时候，就算读了一百遍还是读不懂，更何况有人还会拘泥于自己既有的学养和知识，只要遇到读不通的地方就说文章不好，这简直就是自恋的想法。

不只是读说明书而已，想从文章里学到自己不知道的事物，总是很困难。举个简单的例子，想要通过文章，指点陌生人到自己的地址，我想必须是非常擅长表达的人才做得到。一般的情况是即使说明者用语言详细解说，来访的人还是会迷路。这固然可能是因为指路的人写法不对，但也可能是因为读信者的感觉不够敏锐。用文章指出场所位置的确很困难，因此大多会附上一张简单的地图，像是一般会议通知都会附上会场地图。但能够靠此地图顺利抵达的人，也是少数，多数人通常还是得沿途问路才能到达会场。

用文章表现地理景观极度困难，解读这类文章也很费力。但是如果要前往目的地，使用地图时便会发现，地图更加抽象，想要看着地图在脑中画出实际的景象，得花费很大的想象力。如果没有解读能力，就算有地图也读不出东西。换句话说，看地图比读书更需要阅读能力。因此，能读得懂地图的人必定觉得按图索骥的过程很有趣。

第二次世界大战之后，日本仿效美国，让民众自己申报个人所得税。每年3月15日之前，必须申报去年整年的所得。由于申报书难以填写，指导书写方法的"指南"（说明书）也很难理解，这个制度遭到了不少作家、大学教授的抨击："向政府缴纳税金已经让人感到无趣，我们又不了解申报书的填写方式、看不懂指导填表的指南，简直不知所措。"但在我看来，他们读不懂指导书写方法的"指南"，又怕伤及身为知识分子的骄傲，这才口口声声指责税务署的说明书不够平易近人。

事实也显示，日本税务署过去的报税指南称不上是优等文书，很多民众因此深受其害，费尽心力才能报税。后来这种情况已逐渐改善，几年之后已经听不到针对说明书的恶劣评论。有可能是文书的表现方式有所改善，也有可能是民众已经习惯阅读这种文章。

过多地阅读已知的事物对我们没有什么助益。阅读未知的事物会让我们习得新知识，让阅读成为有价值的行为。一篇内容完全不熟悉的文章，原本就很难马上理解，如果有人能够理解，只能用非常幸运来形容！如果从来不曾考虑这件事，也就不可能注意到，"自己已经完全懂得阅读"的想法只是误解。

或许我们学到的是有些错误、有点落伍的阅读方法，或许我们从来不曾认真思考，阅读真正的文章或词语是何等状况？如何做才能学会这种阅读方法？如果我们接受的是从来不曾对阅读抱持怀疑的教育，便以知识分子、聪明人的角度来思考，这不是有点滑稽吗？

这本书的宗旨就是在关注此问题的前提下，思考所谓的"阅读"。

3. 读《论语》但不理解《论语》

有一位英语教师说："念课文很流畅的学生当中，有人完全不懂所读的内容。相反地，理解内容的学生，大多数在读书时舌头打结，结结巴巴。"

为什么有些人能够用美丽的声音流畅地朗读《论语》，却完全不懂内容的意思呢？因为朗读只要用声音把文字念出来就行，即使完全不懂意思，也可以朗读。

日本有段时期，只要孩子会英文，就会受到夸奖。我觉得非常奇怪，因为我通过实地观察发现这样做并没什么意义，孩子似乎只是把英语字母一个一个地念出来而已。日本小说家内田百闲（1889—1971，本名内田荣造，也是散文作家——译者）在散文中提到，造成这种状况的主因是大人认为只要会念A、B、C就代表能阅读英文。

当然，这是很早以前的事，认为读得出声音就是懂得阅读的想法，不完全是基于国民的无知或闭塞。

最早的阅读本来就是指诵读，意即用声音把文字念出来，也称为音读。我想每个国家的情况都是如此。"二战"前的日本，在昭和十年（1935年）左右，有些年长者会用声音念出新闻。据说他们如果不念出声音，就无法阅读。总之，大家认为只要用声音朗读，就算已经读过了。或许在最早的时候，文章内容所含的意思并非影响阅读的决定性因素。

幼稚园里通常都有给家长阅读的布告栏，家长们在阅览时都一副了然的神情。也有不只一两个人会跑进教职员办公室询问："布告栏上写的是什么？"行政人员因此会抱着优越感说："您想必也受过相当的教育了，为什么读不懂这种程度的文章呢？"这样的现象表示，无论是音读与阅读文字，只是会读，不表示就能看懂文章的意思。

日本于明治初年开始引进的西欧文化与文明让日本人感到无比惊异，因为他们的会话与文书几乎一致。这在当时的日本引发了文化冲击，日本的文章用语和谈话用语差异很大，相对于此，欧洲的文章与谈话用语几乎相同。当时的人认为日本如果要赶上外国，也必须做到语、文一致才行，于是就产生了始于明治二十年代（1887—1896）的"言文一致"运动（如果仔细研究会发现，欧洲国家也非完全达到"言文一致"，但是跟语文分歧的日本相比，也称得上是"言文一致"了）。

尽管日本人曾努力到令人挥泪感动的地步，却还是无法实现"言文一致"的梦想。即便百年之后的现在，语文相悖的现象还是很严重，但已没有人再提出质疑，甚至还有人认定现在已经达到"言文一致"。

倡导"言文一致"运动的日本人，甚至是一般的民众，为何从来不问："日语为何长期以来语文殊途？为何如此努力还是无法让'言文一致'运动开花结果？"原因只有一点，因为他们洞察力不足，根本不了解日语的特性。

欧洲的语文主要是以字母表现，字母就是发音的符号，无论说与写都是基于同样的原理。也就是说，对照日语来看，西欧的语文就像日语当中的假名（日本独有的表音文字，分平假名、片假名和万叶假名。取名假名是相对于真名，即汉字——译者），当然可以做到"言文一致"。然而日文通常混合使用性质全然不同的假名和汉字，有时是夹着汉字的假名语句，有时是夹着假名的汉文。假名属于声音的符号，汉字则是书写的符号。假名可以做到说与写相同，但是汉字却不容易读，因此日文要做到"言文一致"并不容易。日本人的诵读之所以比欧美人的诵读（reading）困难，原因就出在汉字。因此，就算想模仿欧美人做到"言文一致"，实行上却有困难。

说与写很难一致，主要是因为日语的阅读与欧美语文的阅读需要根据不同的知识来操作。比起欧美式的阅读，日本式的阅读更加困难，就算熟悉全部的发音，也不能说自己都读得懂，或已达到阅读的效果。

汉文的特色就是文字的组合，但这些文字却不是用来说的口语。数百年来，日本人把读汉文这件事当成阅读的全部，甚至把汉文当做学问的全部，这样的观念，至今未曾断过。

即使阅读由字母组成的欧美文章，也需要经过相当的训练，阅读混合声音与意思的汉字，更需要丰富的知识。这个问题在日本是用"素读"来解决的，但这样做难以避免无法阅读汉文的情况发生，甚至应该说读得好的人简直让人惊奇吧！可是大家似乎都认为，想把汉文读好，唯一的方法就是"素读"了。

所谓的"素读"就是"先不考虑文章含义，只是朗读表面文字"（摘自《日本大辞林词典》）。教科书就是最好的经典。老师大声读出来之后，学生就跟着复诵，师生不断重复读书，从头到尾只是出声朗读，老师并未针对所读的字句解说其中含义，就进入下一段课程。虽然反复练习诵读，却完全未触及文中的意思，也因此被称为"素读"。学生接受素读的教育之后，渐渐接受了诵读与理解意思是不相干的两回事，然后慢慢习惯不解其意的朗读。例如"巧言令色，鲜矣仁"（《论语·学而篇》），只读出声音，却不去在意何为巧言，何为令色。就算有些学生想理解也不得而知，"就一直读吧！"这就是所谓的素读。那些想知道文字意思的人，最常听到的回答是"时候到了就知道啦。"如同禅宗的参公案一般，只好就此感到满足了。

在这样的状况下，读者只能做到用头脑了解书的内容，根本没想到要在生活中具体实践书中的道理，就如日本的俗话"读《论语》但不理解《论语》"所形容的，素读的层次甚至比这个还低。完全不理解内容，只是朗诵汉字的"读《论语》"，最后"不理解《论语》"，便是理所当然的结果了。虽然素读造就了"读《论语》但不理解《论语》"这种低层次阅读，它却是支撑日本文化的基石，带给我的感觉也格外复杂。

在教育体制上，素读消失了将近百年，但是传统素读的影子，仍旧重重地落在日本人的阅读和阅读方法上。日语的特色就是将阅读与理解拆成两件事。能诵读但是不理解其中的意思,也算是正常现象。即使到现在,日本仍然充满"读《论语》但不理解《论语》"的现象。

既然我们在寻求新的阅读理论,这本书虽然轻薄短小,我倒想用它来作为尝试。

第1章

1. 浅显易懂的迷信

"困难至上主义"的式微

"二战"之后不久,我发现文章突然变得容易读了,表现的手法给人一种新时代已经来了的感觉。过去那些看不懂的综合杂志卷头论文,被讥为落伍过时,"平易近人的才是好文章"的想法开始快速蔓延。

当然我们无法肯定地说这与日本制定、推行常用汉字、导入新假名这些措施无关,但是我想真正的问题,应该与更深入的文章理论有关,主要是人们开始要求改变文体(即文章的形式)。先不论以前的日本人是否有此自觉,但是当时的人们都相信所谓的"困难至上主义",即真正优异的思想不可能存在于通俗的文章当中。那时人们认为只有需要瞪大眼睛、下定决心仔细咀嚼文章真意的阅读，才是真正的阅读。因此，从编者或读者的角度而言，那些根本完全不能理解的文章，正因为很难懂，才有存在的必要。例如，阅读战前日本人翻译的社会科学书籍，比读原文书还需要耐心，但当时几乎没听过有人抱怨这些书很难读。

日本人就是阅读这些书，才开始展开"勉强"（日文"勉强"的意思就是学习——译者）。换句话说，读有趣的书不算是做学问。日本人一直被这种禁欲的思维所控制。

在此前提下，只有在极少数情况下，文章难理解才会被视为缺点。写文章的人反而会害怕采用浅显易懂的表现方式。某些学究派的学者写论文时如果感到太顺畅，会暂时搁笔，就是为了避免自己写得太浅显易懂。因为当时的人们普遍把平易近人的文章视为低级的作品。

由美国传进日本，强调容易理解才好的"简明主义"，重重打击了"困难至上主义"。困难至上的概念在过去受到知识分子的拥护，而新的简明主义则是由意见领袖大力推广。

虽然经常有人提到"可读性"（readable，指容易阅读、理解），但是日本长久以来一直处于崇尚晦涩难懂的模式中，突然要求好不容易才推翻成语、习惯翻译文章的人，立刻写出平易近人的文章，谈何容易？尽管好像已经树立明确的目标，但长期以来日本的文章表现还是以古板厚重、难以理解为主流。

《读者文摘》的冲击

日语版《读者文摘》创刊号的发行，让一般日本民众瞪大眼睛，惊呼："这就是美国式的简明主义！"这本杂志被归类为综合杂志，与日本既有的杂志有很大的差异，一般人阅读之后也可以"完全理解"整本杂志的内容。日本人读了这本杂志才开始萌生自觉，发现过去的杂志总是有些地方让人读不懂。

因此我们可以说，战后日本文体的革命，应该是由日语版《读者文摘》揭开序幕的才对！

最初负责杂志的日语翻译者，有很多是日本的英美文学研究者，在文体方面受到英美文学非常大的影响。翻译杂志其中的一项规定是每个语句字数有一定的限制，虽然这点让译者无法发挥想象，但如果译者们没有花费苦心配合，一定无法完成工作吧！所幸苦心最后得到令人满意的回报。

所谓的回报就是鼎盛时期每个月超过一百万册的发行量。还有一种说法是，要买到杂志需要排队。由此可见,当时日本人多么想吸收美国文化。当然,翻译文章的清新易读也是杂志的魅力所在。当时的年轻人对那种简单易懂的行文风格,印象非常深刻。年长者则会因"平淡无奇"而讨厌这样的文章。

《读者文摘》踏出第一步之后的五十年,文章始终在往平易近人的方向迈进。有趣的是,我们竟然对此毫无意识、浑然不觉。总之,容易理解的书写方式变成目标,可读性高的文章博得了读者的喜爱,杂志的发行量跟着增长。有时候,可读性与趣味性甚至会重叠在一起。

这种简明主义在日本站稳脚步的时期,大约是在昭和二十年代(1945—1954),这主要是因为《新周刊》杂志的创立与成功。当时的人们在电车里可以毫无顾忌地阅读,杂志发行量因而扩增。跟这些新杂志相比,感觉报纸的阅读门槛还比较高。

简明至上主义

日本学校的国语教育,一直都靠"困难至上主义"支撑。换句话说,人们普遍认为不阅读难懂的文章就无法获得优异的思想和知识,如果没有学会阅读困难文章的能力,就不算受过教育,尤其在阅读上特别着重这种想法，连汉文这种算是一半外文的科目也要教育。因为日语由日本语和汉语两种文字建构而成，虽然小学里没有教授汉文，但是中学却将汉文列为重要科目之一。

随着简明主义的推广，日本的国语教育也失去了支柱。不必辛苦阅读，只要眼睛扫一下即可读懂的文章日渐增多，文章开始迁就读者的能力，倾向简明，读者也因为过于安逸而变得怠惰。

读者被宠惯之后开始失去阅读的毅力，遇到稍微困难的文章，立刻以无趣为由放弃阅读。大众传媒如果失去读者就无法立足，只好不断用平易的写法吸引读者，读者也随心所欲，变得愈来愈懒惰。

不只是大众媒体，战后的出版业也一样，根据简明主义，作者最好用具体的手法书写。即使相当专业的刊物，也会在约稿的同时要求作者，"尽可能多举实例，用具体的方式写作"。曾经有些稿子因为没有举例，而引发编辑抱怨。

抽象的文字似乎让人感觉更恶劣，因此写书的人也畏惧抽象的表现。理由就是抽象的文章，非但读者不爱，编者亦是讨厌。

事实上，不理解抽象乐趣的读者，根本不理解人类的哲学。留心观察就会发现，过去意气风发的哲学青年，不知何时已经消失无踪,怀有文学精神、鄙视世俗的文学青年也都销声匿迹。

想到这里,对于日语版《读者文摘》在日本埋下的种子,以及日后所产生的剧烈变化,不禁感触良多。

吃粥的读者

所谓的哲学青年、文学青年消失之后,文体的形式倾向统一,以往高雅(high brow)与低俗(low brow)的分别也消失不见。"低门槛的作品不一定俗气",成了新鲜的观点,高调的作品则带给人反社会的感觉。这样的想法其实不算成熟。

目前,简明主义似乎已经确立,与五六十年以前,甚至更久的战前相比,很难理解的文章已明显减少了。作者没有必要用难懂的文章让读者感到痛苦,只要简单易懂的文章应付就够了,或是把很难理解的内容用简易的笔法处理,这就是当前作者的写作技巧。

日本战后的文体革命本来是由发讯者掌控,眼前的情况却是出版社、作者都有能力提供简明表现的境界了。这种情况出现的很大一部分原因是读者阅读习惯的变化,举例来说,因为几乎不用任何咀嚼就可以吃到饱,读者的牙齿便衰弱了,肠胃也不够健壮。稍微碰到硬一点的食物,牙齿就无法发挥功能,然后抱怨:"这样的东西能吃吗?"接着要求吃粥。

无法咀嚼东西并非轻松快乐的事。吃东西时不能没有咀嚼的喜悦,进食没有咬劲的食物,感觉上就像没有吃东西一样。而且,你吃粥总有吃腻的一天,到时你又不习惯吃有嚼劲的食物,就会陷入两难的境地。试想,如果你连吃东西的力气都不够,食欲自然会开始衰退。也就是说,这种现象的产生可能与读者疏离书本、远离印刷文字有关联。

我想,在此我们有必要重新回归原点,思考有关阅读这项知识性的行动。当下的出版商一看到书本、杂志畅销就感到高兴,卖不出去就摇头叹息,我对这种现象不予置评。我想真正该留意的问题是能不能读懂。始终有一群真的看不懂的读者也是没办法的事,但是,若连愿意阅读的读者都变少了,危机可能会变得更深。

理解方式的差别

我们大都把"阅读"这件事看得非常容易,如果有人问起,就不假思索地说:"我读过了!"受此恶习的影响，大家对于真正的阅读反而漠不关心。我想，很多人终其一生也从来没想到这种问题。

首先是报纸。

一定有很多人说："如果连报纸都读不懂怎么行？"然而却只有少数人会停下来自问："读报纸真的那么简单吗？"

以体育新闻为例，一定没有人认真考虑：我读得懂吗？如果读不懂又怎样？或许你会认为这些问题根本是把人当傻瓜，事实也显示，多数人都是用推敲的方式在读报纸的体育新闻。

以职业棒球比赛的结果为例吧！

"西武因为山崎适时的安打，进入投手战的局面。延长赛十一局，西武抓到两个四坏保送、两人出局，一垒、二垒有人的好时机，这场比赛尚未出现安打的山崎，击出外角球推打成右外野安打。此时球超过正在趋前防守、防止垒上跑者冲回本垒的近铁外野手的右方中间位置，形成再见安打。

久保擅长投快速滑球（slider），与东尾旗鼓相当，奋力投球。速度超过两百五十（指两百五十公里——译者）的投球已经超过十一局，目前感觉速度有点不足，但情况还是愈来愈佳。

西武对近铁十二回战，西武以3∶2获胜。"

不同的人，对这篇报道的理解方式也不一样。即使不提个人之间的差别，事实上我们也不能忽略，人类理解事物的方法本来就不一致。看到这篇文章之后最能理解的人，首先应该是那些现场的观众。这场比赛是否有电视转播？如果有，那些看过转播的观众也可以列入。

西武或近铁队的球迷应该平常就有收集信息，因此即使没看到实际比赛，因为太熟悉棒球活动，所以也能理解。

相对于这些人，既没看过比赛，对棒球也不熟悉的外行人读到这篇新闻时，可能有很多地方让他们感到不解和困惑。首先是不知道选手的名字，一时之间连久保与东尾两人到底是哪一队的选手也会混淆。

接着"久保与东尾旗鼓相当？为何久保需'奋力投球'？"这个问题令人脑中一片空白。至于"推打""再见安打"等词汇的定义，一时也没有感觉。稍微了解棒球的人理所当然能理解的词语，完全外行的人就必须逐字查阅。

而更加外行的读者，完全没有棒球知识，规则也一窍不通，我想他们可能不会读这则新闻，就算读了也是一头雾水。这样的读者，就算求他，他也不会去读这种报道，自然没有所谓的阅读问题了。

2. 体育新闻

"难懂"的新闻

事实上,看新闻也需要累积相当的知识,否则根本抓不到方向的"难懂"新闻委实不少。即使是精通棒球、遇到前面提到的新闻可以不费力就理解的人,如果改读股票行情报道,可能就理解不了了。

一般人认为,报纸是针对数万人发行的刊物,因此要理解内容,可能得先具有相当程度的知识和常识。即使要理解报道社会、市井事件的新闻,至少也要知道一点现代社会的状况。一个人在孤岛生活三十年,突然间看到报纸,就算能阅读,可能也不理解新闻的内容。

闲得没事做的人常说:"我把报纸从头到尾都读过

了"。但是读完之后要全盘理解其中内容，可能得具有丰富如百科全书般的知识才做得到。读完某些特定的栏目也许比较容易，要从第一页到最后一页毫无遗漏地读完，并非简单的事。

球迷、观看过比赛的人和完全不懂棒球的人，读完西武、近铁比赛的新闻后感觉会完全不同。如果将他们的新闻阅读视为同样的"阅读"，似乎有些奇怪。

如果是球迷，看到"因为山崎适时的安打，进入投手战的局面"一定会为他优异的表现而感动，读到所谓的"推打"，便眼睛一亮并重新阅读一次，进而想象场景，内心澎湃，产生宛如在球场观赛的心情。这些读者不会拘泥小节，而会留意全体，对他们而言词语只是参考指南，他们用本身的具体经验、知识做基础，当他们阅读文章时，通常都会有类似的状况。

另一方面，那些不熟悉棒球活动的人，如果想理解前面的报道，就算一一查阅每个词语，也抓不到整体的感觉。只能就一小部分读懂的字句去理解，对于不能理解的词语仍然束手无策，无法突破现状，想做到理解全文，恐怕很费劲。

"不知道",所以难理解

棒球已经是家喻户晓的运动,要找到完全不了解棒球的读者比较困难。因为大部分读者就算不熟悉,也会经常从听到的信息中累积一点常识,完全读不懂新闻走向的情况应该很少,以棒球做比喻可能较难获得实际感觉。不过身为英语教师,我曾深切感受到接触完全不熟悉的运动时,再怎么阅读也无法理解的痛苦。

那就是英国的国家级运动——板球(cricket,来自英格兰的团队体育运动,由两队比赛,每队十一人。主要在春、夏季进行,与秋冬的足球比赛刚好互补——译者)。当英国人说"板球比赛"(It is cricket),就等于说"盛会"(Fair)的意思。这项比赛是英国的特色,板球的著名选手就是国民中的英雄人物,板球比赛的盛况甚至要超过日本的棒球比赛。

只有词语时,还可以查字典去了解,但是读到描写比赛现场的文章时,真叫人欲哭无泪。虽然我听过声音,却从来没见过真正的比赛。就算利用字典理解单词的意思,却怎么也捕捉不到整体印象。俗语说:"百闻不如一见。"英文报纸里总是大幅报道板球的新闻,但是对我们而言,想要懂板球新闻,比阅读莎士比亚的文学名著还困难。长期在日本旧体制下的浦和高中执教的克拉克

（Clarke）老师，认为日本人不懂板球是一大遗憾，他似乎也认为这会影响日本人对英语的理解。

为了让学生更了解板球，有一天，学生时代曾是板球选手的克拉克老师甚至带着球衣、球、球棒，一个人在教室里实际示范和解说。虽然学生看过以后多少觉得对板球熟悉了一点，但依然有隔靴搔痒之感。我的亲身体验告诉我，要理解完全没接触过的东西实在是太困难了。

理解就是乐趣

话题回到棒球。

在看过现场比赛或者电视转播之后，阅读描述该场比赛的新闻，会觉得完全能够理解，也能体会其中的趣味。

早上正要通勤上班的上班族，走到车站顺手买报纸。曾看过棒球现场比赛或看过电视转播的人，绝对会先翻开体育版阅读相关的新闻报道，借此回味比赛带来的兴奋感，那种感觉真是说不出的开心。

我并非要大家每天都看比赛，也不是说不看就无法理解新闻内容。即使情感上不像看过比赛那样投入，阅读棒球比赛新闻对大多数人而言还是相当有乐趣。

我们的经验是有限的，而这个世界充满未知的事物。就算没有实际经验、不是非常了解的事物，要达到宛如经历过且了解到某种程度的效果，也并非不可能的事。我们不妨称这种经验为"同类型经验"。

对文章提到的事件本身，读者虽然没有直接具体的经验，却拥有同类型的知识或经验，就是"同类型经验"。例如"某地发生火灾"的报道，即使没有亲眼目睹那场火灾，因为曾经看过，感觉上也能了解那场火灾的状况。阅读火灾新闻对日本人而言，绝对不像阅读板球新闻般困难。

阅读那些已经了解的事物往往特别容易，很快就能理解，并且会感觉有趣。阅读不熟悉的事物时只会觉得非常难懂。大多数人会问，为何要读已知的事物？没有必要读不是吗？但我们阅读的文章当中，绝大多数是已知的事物，而且，我们从中得到了很大的乐趣。

3. 以自我为中心的加工

语言是一种习惯

理解新事物，说起来很轻松，做起来却很难。我觉得面对未知的事物，最好一开始就有"自己可能无法理解"的觉悟，因为无迹（线索）可循。

何谓线索？就是已经知道的信息。对语言的理解力，有赖于眼前所累积的知识和经验，而人们必须一直记得这些信息。

关于这点，最明显的例子就是外文。在阅读自己的母语时，即使读到未知的事物，也能大致猜出是什么意思，已知及未知的界线其实很模糊。但在阅读外文时，因为已知的部分很少，未知的事物很快就会与已知划清界限。思考语言的问题时就会发现，在非常状况下所理解到的外文，有时会带来有趣的感受。

例如早期为驻日美军开设的广播——远东广播（FEN / Far East Network），经常播放英语新闻，而且说话速度像连珠炮一样快，能听得懂的日本人已经属于英文高手。练习这种英文听力会让英文能力大幅度提升，刚开始的时候可能很难听得懂，但逐渐习惯之后，就愈来愈能理解，由此可知，语言只是一种习惯。本来觉得说话速度很快的英语，听惯了就不觉得快了。我们一般会认为外国人的说话速度很快，这主要是因为外语和母语相比，未知的部分比较多，要理解新的词语总是得多花一些时间，因此需要对方说慢一点。如果对方用正常的速度说话，自己就跟不上，才会觉得对方说话太快。从事米雕的艺术家并非一开始就能够在米上写字，他们每天看着米粒，训练自己，让体积很小的米粒在他们的眼中逐渐变大，然后才开始在上面练习写字。习惯成自然，似乎可以用来形容这种心理变化。

固有名词的魅力

我们最开始从远东广播中分辨出来的应是日本的人名、地名等自己熟知的事物，即使美国人的发音很别扭，我们也很快就能听得懂,但是美国人的人名、地名就怎么听也听不懂了。有关新闻的内容也一样,对于已经听过或读过日文版的新闻,无论是国内还是国外的,我们都比较容易听懂。若是远东广播自己采访的独家报道,就完全摸不到头绪。

在这种情况下,我发现最有效的线索就是固有名词。当我们学习外国语的时候,通常不太关心固有名词,或许是因为我们学英文只是为了准备升学考试。无论如何,我们的固有名词知识真的很匮乏。

无论是新闻还是事件,其中一定会出现固有名词。虽不至于出现"很久很久以前,在某个地方,有一个老公公和老婆婆"这类的词句,但是新闻中一定会频繁出现人名与地名。使用次数愈频繁,人们对于词语的感觉也愈强烈。在比较固有名词与普通名词时你会发现,经常使用的固有名词带有更强烈的感情色彩。例如,当东京人提起"信州"(日本长野县的旧称——译者)时,就能感觉到旅行的乐趣与忘却尘嚣喧哗的心情。虽然"长野"与"信州"指的其实是同样的地理位置,但是从语言引起的心情来看,差别相当遥远。

古代的日本人喜欢"歌枕"也是有理由的,这种修辞能让人联想到有名的地点,并引发重要的感情元素。

歌枕作品告诉后人，古人早就知道固有名词的妙用。

大众传播媒体为了吸引更多的视听观众或读者，热衷于报道八卦新闻。所谓的八卦就是带有名人的报道。新闻内的人物，若是名不见经传就没效果，人物知名度愈高、观众愈熟悉，报道就显得愈"有趣"。

感动与误解隔层纱

我们理解语言的方法通常是用已知的知识去对照。例如"螃蟹与甲壳类动物相似，有挖洞的本能"这句话，要理解就只能用既有的常识去应对，既有的词汇如果太少可能就无法理解。知道的就能理解，不知道的就无法理解，理解过程简单明快。换句话说，拥有的知识越多，人理解新知识就越容易。拥有的知识越少，听取或阅读新知识也越困难。

我们阅读文章时，经常直接解读读到的词语，但是所谓的客观理解，其实并非如此，因为大脑想到的东西，事实上并不存在。那些进入大脑思维的东西，其实都是根据受训者的经验或知识"加工"制造出来的。

这种"加工"有时固然会引起误会，但我们必须承认这样的加工支援着我们实际的理解。如果不经过加工，有趣的事可能就变得无趣，因此坊间才有"感动与误解隔层纱"的谚语。

我想再度引用外文的实例。英国有句谚语：Children should be seen and not heard。只要是英语水平达到中学程度的学生都知道每个单词的意思，却无法立刻读懂整个句子的含义。当熟悉的单词组合成句子时，对日本人而言就变成未知，既然是未知，当然读不懂。

我在序章提到中学生因"所用的词语与想要表达的实际事物之间，并没有必然的关系"这句话引起阅读障碍。他们起先以为只要单词都懂就能理解，所以忙着翻字典，结果还是不懂，便断定语句错误。自己不能理解就认定是错误的，这是自我中心思维单纯的表现，其实也很可爱。

"Children……"的谚语也一样。每个单词都很容易懂，但整个句子的意思却不好懂。日本发行的英语词典里，作者的解释为"父母必须好好监督孩子，不可以宠坏他们"。我想作者本人应该平常就想着"管教孩子必须严格"吧！因此作者用自己的观点来解释这句英语。就文字层面来看，稍微勉强，但是也不能说这种解释是错误的。

回到正题，我要说的是所谓错误的"加工"，也就是用不正确的理解模式去解读这段文字。正确的翻译应该是"孩子不可以在人前多嘴，应保持沉默"，若直译成中文为"可以被看到，不可以被听到"。

"加工"的差异

在此我还想引用另一个与"甲壳类动物有挖洞本能"相似的例子。

英国有句谚语：A rolling stone gathers no moss，意思是"滚石不生苔"。原来是用来教训不断换工作或一天到晚搬迁的人，无法聚集财富，应该力求稳定才好。

但是在同样使用英语的美国人中，此谚语的意思就变成："滚动的石头才不会长出青苔"，意指优秀的人才要一直处于活动的状态中，要不断被挖角、转换工作，才不会因为待在同个职场太久而变得了无生趣。对英国人而言"苔"是好东西，意指财富；对美国人而言却是坏东西，指累积的旧习。也就是说，英国人不喜欢当滚石，美国人却认为能当滚石才是优异的人才。就像不同的甲壳动物会挖出不同的洞一样。

在这里，美国人的"加工"与先前提到日本人的"加工"有所不同。美国人的看法已经成型，因此不能说是误解其意。如果站在美国人的立场思考，一定会肯定滚石是好东西。

我们总在不知不觉间，用吸引自己的方式阅读或听取词语的意思。所以若事先未具备知识，懂也会变成不懂或误解，若事先具备了相应的知识，就能闻一知十。用快速扫描的方式阅读书本，毫无问题。

4. 音读（诵读）

"懂发音就能读"的时代

最近的日本儿童，进入小学之前就开始阅读文字，或许就因为这个理由，他们在学校第一次接触到文字时的喜悦也跟着减少。

战前的儿童刚进入小学的时候，几乎完全不知道如何听写，到了接触名为《读本》的国语课本之后，才开始接受词语的洗礼。

《读本》的第一页内容包括：

ハナ（音 ha-na，鼻子、花——译者）

ハト（音 ha-to，鸽子——译者）

マメ（音 ma-me，豆子——译者）

マス（音 ma-su，量米用的量杯、鳟鱼——译者）

ミノカサ（音mi-no-ka-sa，蓑衣和笠帽——译者）

カラカサ（音ka-ra-ka-sa，雨伞——译者）

当时和现在不同，使用的是片假名。

把片假名大声念出来就是所谓的音读（诵读）。只要能记住文字的发音，就能音读。"**ハナ**"是指什么？每个一年级的小学生都知道。只要能发出声音，就知道意思，换句话说，音义一体就是音读。

现代的小孩可能会被"**マス**"困住，就算会念，却不知道是指量米的量杯还是鱼类的鳟鱼。对此插画就能提供帮助，看到图画就不至于误解，因为每个家庭都有量米的量杯。

蓑衣、笠帽和雨伞也都有图，即使看着图画，我想现在的儿童，甚至大人还是有不少人不能理解蓑衣和笠帽到底是何物吧？古时候乡下的小学生，每逢下雨天并不带伞，大多是穿着蓑衣、戴着笠帽到学校去上课。

以目前的日语音读教材而言，"**ハナ**"、"**ハト**"、"**マメ**"这些词还算可教，"**マス**"有点不恰当，"**ミノカサ**"就非常不适合。一般而言，儿童的阅读入门，也就是音读，都是依据孩子日常接触的东西进行教学。

阅读的基础——音读

提到出声读出文章，就让人想起过去用音读念报纸的人。那时的报纸，在所有的汉字旁边都加上假名的注音。只要是假名大家就能读，因此大家都可以读报纸。靠假名才能读报的人就会读出声音，而非默默地阅读。

有人认为把报纸读出声音的老人家太吵，恶意地要求他们闭嘴默读。老人们则是很委屈地回答说，如果不出声就无法阅读报纸，读出声音才读得懂内容，如果默默地阅读就不理解新闻的意思。

虽然我对这样的读者究竟能读懂多少持怀疑态度，但是从当事人的角度而言，他其实很想好好地读报纸啊！他们认定只要读出声音就能读懂，这说明日本人并非从很早以前就习惯默读。

以音读方式阅读报纸的人绝非异常。最早的时候，无论在哪个国家，阅读都是指发出声音的音读。甚至可以说没有任何国家是从默读开始发展阅读的。

生于14世纪，号称英国诗人之父的乔叟（Geoffrey Chaucer，1340—1400）在他的诗中就曾经提到："他像石头般地读着。"这句话无疑是指一个人正在默读，话中之意是在强调默读为当时文人、读书人采用的新阅读方式。由此可以想象，当时所有人必定是像唱歌般大声读书才对。

由此可见，无论在哪个国家，在很长一段时间内，音读才是正统的读书方法，现代人却轻易地把这一点忘记了，音读的影响力也淡化了。过去如果走到学校附近，随风传来的是教室里大家一起朗读教科书的声音，这样的景象最近却很难见得到了。年纪大的人朗读的风气虽然还存在，把音读当作阅读的基础这件事，却无可奈何地遭到遗忘。

熟悉的词汇

话说回来，现代的小孩，最初是用什么教科书学习语言呢？《国语》（光村图书一年级上期）的第一课是这样的。

翻开最前面对开的两页，主题是："友好的树"，除了主题之外就是图画。接着对开的两页只有画，没有文字，从画里就可以了解一切。再来的两页是课文，内容为：

たかい（好高）

たかい

みえる（看到了）

みえる

跟以往的教科书总是名词并列的情况相比,这里的"たかい"(高)是形容词,"みえる"(看到了)则是动词,这两种词汇先出现颇引人注意。

不论"高"或"看"都是日常生活经常用得到的词语。在此可以根据画的内容让印象更加明确,就算念错也不至于不懂,只要念出声音就可读懂。"好高、好高"采用重复的方式,"看到了、看到了"用三个音重复则有节奏感。

之后的文字是:

あおい そら(青色的 天空)
くもの うえ(白云的 上方)

わたれ(渡过去)
わたれ
そらの はし(空中的 桥梁)

おほしさま きらきら(星星啊 闪呀闪呀)
おつきさま にこにこ(月亮啊 笑呀笑呀)

さいた(开了)
さいた

きれいな　はな（美丽的花）

这也是很容易理解的音读式文章，富有节奏感，一半像童谣，只要抓住感觉就可以阅读。

至于歌谣式的文章，例如：

"うさぎおいし　かのやま"（追逐兔子　到那座山）

这句歌词的意思，长期以来总有孩子误解为，山里的兔子很好吃（因为日语的"追"与"美味"，发音很接近——译者）而闹出笑话。孩子们当然还不懂文章用语"追逐"的意思，唱歌时只有声音，和音读很类似，因此产生似懂非懂的感觉。如果这样就肯定自己已经读懂，相当危险。

读完却没读懂的危机

有时我们发出声音阅读文章之后，其实并未完全理解，却认为自己读懂了。如果是小学生，在音读上出现这种情况还好，认字能力完全没有问题的成人出现这种情况就十分严重了，就像"读《论语》但不懂《论语》"一样，不只是出声朗读者会出现这种问题。了解文字的结构和字面的意思，但是却不理解内容真意，这种阅读自古以来众所皆知。

另一方面，也有人默读时并非只在形式上逐字阅读，而是非常专注思索内容，这种读者有时甚至不清楚某些汉字的发音。

音读者容易产生的误解是：既然音读表示声与义一体，只要会读，即使不够正确，多少还是能读懂文章的意思。这种误解让很多读者在不知不觉间，沦入"读《论语》但不懂《论语》"的窘境。《论语》这种出类拔萃的书自然不用多说，就算没什么深度的文章，还是有不少人怎么读也读不懂。

只要这样的读者不断增加，无论政府在形式上、数量上如何普及教育，读者也不会变聪明。在这种情况下，迎合这类读者的东西就出现了。

另外，日语当中的假名和汉字也会造成问题，主要在于汉字的发音太复杂。有时无法读出声音，但了解意思；有时读得出声音，却无法了解意思。最明显的例子就是地名和人名，看了却读不出来。

不清楚日语情况的外国人，经常笑日本人："为什么大学毕业的人，连车站的名字都不会念？"人名也一样。刚见面的人彼此自我介绍，虽然知道对方名字的念法，但不知道如何书写，因此一定要交换名片。甚至有时收到陌生人写来的信会生气，因为地址、姓名不会念，想打电话给对方却不知如何是好。

　　音读的出发点应当是形态与内容一致，如果能不出此范围，的确比较理想。

　　阅读教育从阅读既知事物的音读开始，这种做法相当合理。长期以来音读成为阅读方法的主轴，也不是偶然的现象。

第2章

1. 教科书的隐忧

开始讨厌阅读

日本人进入小学，首先学的是音读。就像前面章节介绍的，虽然也有例外，但大致上都是从已知的东西开始读。只要知道文字的发音，能念出声来，就可以在发音时同时理解字义。记得的字越多，就能读得更多、更有趣。孩子们因此对阅读抱着兴趣。

刚开始的时候，很少看到讨厌读书的孩子。主要是因为他们读得懂。

最近日本很流行从幼稚园就教孩子文字。如果孩子认得文字、能读文章，教育者便觉得有成就感。但是我认为这种想法很奇怪。再小的幼儿，只要让他们阅读已经知道的东西，他们都做得到啊！

问题是到了中学之后，开始出现一些学生表明自己讨厌阅读。小时候明明那么喜欢阅读，他们到底是从什么时候开始认为阅读很麻烦呢？又为什么这样认为呢？

这是因为中学以后的阅读需要学生采用与以前不同的阅读方式。现代的教育没有成功地教会学生使用这种新的阅读方式，但学校无视现况，不断教导学生阅读未知的东西，一直强迫学生学习无法理解的事物，当然会引起学生的反感了。

教导未知

学校的智能教育（原文为"知的教育"，是指知识、智能的教育——译者）又是什么？是指人类把至今累积的文化，传承给下一代的行为。如果一项一项传递，穷其一生恐怕也只能传给后代一小部分。

把文化融入语文当中、加以浓缩，在短期内教授大量信息，就是现代教育的特质。现代教育认为，若只教给儿童既知的东西，教再多也没有意义。靠着语言把未知的世界变成准经验（代理经验）的世界，就是教育的目的。但把原来不属于语言的事物变成语言之后，就算理解语言，是否就真的理解其代表的事物，颇值得怀疑。

本来应该通过身体接触才能理解的东西，光是倚赖语言，用头脑去理解，我想应该不能算是真的理解。也就是说，知识上的理解不能视为经验，最多只能说是一种准经验。

即使已经知道教学会有问题，还是只能仰赖语言，教导未知的知识给学生，这是现代教育的弊端。此外，教学的步调太快，早期学习的音读，还未见明显的进展，就开始要求孩子们阅读未知的事物。

如果学生因为谨慎而拒绝阅读新内容，学校也会一直强迫学生阅读，并非只有国语科教育的情况如此，除了体育、音乐、工艺等科目之外，几乎所有的学校教育科目，都是在教导学生阅读未知的能力，都是让孩子汲取过去所累积的文化，这样说并不过分。

阅读未知如面对两面墙

阅读既知的事物，通常只要了解文字就可以理解内容。有时虽不能确定文字的意思，还是可以掌握文章的大意。

由此可见，阅读未知时可能会碰到双重的障碍。

首先出现的障碍是语言和文字，未知的文字经常代表多重的意思，如果不了解便读不懂。文章之所以难懂，就是因为里面的汉字可能指涉多种意义。

遇到不认识的词语或文字可以查字典，或者靠人点拨。用这种解决方式认识未知的词语，从事未知的阅读，还不算很辛苦。

真正麻烦的是另外一道障碍。就算了解文字或词汇的意思，但是读完文章依旧如在五里雾中。情况如同本书开始时所引用的实例："所用的词语与想要表达的实际事物之间，并没有必然的关系。"此句当中，对中学三年级的学生而言，如果有未知的、让他们感到不安的词语，大概是"必然"这个词汇吧！但是也有学生来信说，利用字典查阅过所有的词汇，因为他们认为查过字典就一定能读懂文章。既然已经打倒第一道墙就应该会懂才对，他们却还是不明白。因此这群中学生判断，一定是这篇文章有问题。但他们根本不知道还有更可怕的第二道墙，就算再怎么查字典也跨越不了这个障碍。

必须先突破"因为字典没有提到，所以无法理解"所造成的第二道障碍，才可能读懂未知的文章。在此，用来作为说明工具的主要是"改述"（英文为 Paraphrase，意思是为了说明而改变用词——译者）。改述也有两种，第一种是用简单的语言就能更改说法的改述。运用这种方式即可跨越第一层障碍，但是对解除第二层障碍是无效的。如果每个字都懂，却抓不到整篇文章的方向，就可以运用另外一种改述。

先前提到的"所用的词语与想要表达的实际事物之间，并没有必然的关系"这一语句当中，假如采用第一种改述，能够检阅的生词大概只有"必然"这个词汇吧！

第二种改述并非单纯地更换词语或语句。因为词语只是所指事物的记号，如果完全理解，就能得到更换词语的指示。然而就算负责教育的老师，想教会这种改述的用法，也非易事。

阅读未知最难的地方，就是很难突破第二层障碍。

登峰造极的喜与忧

读教科书几乎是在进行一连串未知的阅读，就像攀岩活动一样，只要一步踏空，就会滑落，连续处于紧张的状态，根本无法松一口气。阅读既知的事物就像骑自行车下坡滑行，非常轻松，就算不踩踏板，车子也跑得很快。同样是阅读，两者却有很大的差异。

站在学校教育的立场，即使再辛苦也不能避开阅读未知事物的训练。阅读这种教科书的内容当然不是很有趣。学生手中捧着教科书,心情通常也很沉重。但如果不能气喘吁吁地努力攀爬,怎么可能登上险要的山顶,享受那种任务完成的快感?事实上登山过程愈是危险,登顶时感受到的喜悦也愈大。

阅读未知事物与登山非常相似。支持着登山者不顾掉落山谷的风险,继续挑战登山的,无非是尝过痛苦的磨炼之后,发现新天地的快感吧!对正在学习的人而言,充满未知事物的学校课本,就像学生必须去挑战的高山,一定得实际去感受登上山顶时的莫大喜悦。

教科书大部分都很沉闷、无趣。原本可能很有趣的作品,只要是从教科书上阅读,就完全失去了魅力。所以有人说,无论多伟大的名作,只要出现在学校的教科书里,就会被视作无趣的东西,一生都不想再亲近。即便教育有缺点,但若以这种观点远离教科书,就可能永远无法学会阅读未知。

事实上,学校担负的最重要的任务,就是培养学生阅读未知的能力。因为孩子们比成人更具可塑性,更具备攀登各种困难度高山的耐力。

或许负责推动这项任务的教科书,会被认定是无趣的代表,这也是无可奈何的事。于是很多人离开学校之后就完全放纵自己,立刻回到只阅读既知事物的状态。

看过电视之后，再读相关的棒球比赛新闻，会让人非常投入，一直说有趣。成人一再逼小孩读教科书，并告诉孩子不懂这些就无法与人交谈。但是媒体面对成人时，却一定要写出他们确知的文章来宠坏成人，面对这种情况，日本人难道不觉得奇怪？

2. 后门读者

"旁门"的魅力

"请问,你手上报纸的社论在第几页?"

假如你恶作剧地提出这个失礼的问题,十个被问的人当中,大概有六七人无法立即回答。

换句话说,大部分的人买了十几年的报纸,也永远不看不喜欢阅读的版面。就算翻到了也当做没看见,因此被问到时才会感到困惑、无法回答。社论甚少人爱读,不过面对意见调查,被问到是否阅读社论时,还是有些人会为了面子回答:我有阅读。

眼前报纸阅读率最高、大家最常"看"的就是介绍广播与电视节目的版面。大多数人都认为,这个版面的目的不是让人阅读,只是让人查看信息。有人一天翻阅多次，因此放在中间的位置比较麻烦，现在的报纸编辑几乎都将它放在最后一页，而把这一页当成电视节目表来阅读的家庭不在少数。

杂志读者里有所谓的"后门读者"（喜欢轻松、软性文章的读者——译者），读到前面的文章往往非常头痛，后面的杂文读起来则要轻松许多，后门读者指的就是这样的人。他们的想法是，由玄关入口进正门，门槛通常很高，从旁门或后门进入就容易多了。

对杂志社而言，后门读者也是很重要的顾客。优秀的编辑编出来的后门通常极具魅力。大战之前的综合性杂志，最后数十页都是创作文章，主要就是为了迎合聚集在后门（如小说版面）的读者。最近已经没有这种主题的编辑，我想这可能是因为读者的喜好变得分散了。

就报纸而言，也不可以忽视所谓的后门读者。由报纸编辑将广播电视节目表放在最后一版可以确知：后门读者最喜欢的媒体是电视。在它的前一页是社会新闻版，也是后门读者目光的焦点所在。电视出现之前，社会新闻一直是独揽后门读者的版面。

最近以极快速度受到瞩目的是体育新闻版，同样是后门读者聚焦的地方。如果亲自前往观看的比赛被写成新闻报道，这些读者一定会专心阅读。

不读是因为读不懂

后门读者如果走到大门，会显得毫无耐心。贴近那些攸关国家的大问题时，这些读者的兴致一点也不高。

这种人通常只是双眼扫过大标题便了事，因此也称作标题读者。

偶尔出现上了头版的重大社会新闻，他们才会仔细阅读，但通常都是在大门瞄上一眼，就直接绕到后门去了，这就是他们阅读新闻的方式。若提起社论，他们会很吃惊，因为对后门读者而言，社论是非常遥远的世界。世界上或许有人一生阅读报纸，却没读过一篇社论呢！

为何大家不读社论呢？因为社论读起来有点像学校的教科书。

对学生而言，读教科书是连续不断地阅读未知。为了理解教科书得非常努力，因为很辛苦所以讨厌学习。学校教科书很讨人厌，漫画却让人感到非常有趣。

其实，报纸的社论并不像教科书那样难理解，言论的主题也都是与眼前的社会问题有关，并非与世隔绝。问题在于阅读社论的方法，与阅读看过比赛的棒球新闻报道，还是有很大的差别。换句话说，社论里包含未知的阅读。读者如果不熟悉社论问题的背景信息，那么，阅读讨论此问题的社论（也就是第二手的信息），可以说有如阅读未知的信息一般。

没有故事性

某月某日，A报两则社论当中的第一则主题是"新日、韩关系的观点"。首先提到，"韩国的全斗焕政府，为了巩固国内体制的基础，正在构思新体制，展开外交。继全总统访问美国、东南亚之后，重新建构日韩关系，成了韩国外交活动的新主题。"（全斗焕生于1931年，韩国陆军士官学校毕业，1980—1988年担任韩国第11、12任总统——译者）

以上语句表现十分切合实际，一开始便指出文章的方向，也几乎找不到难懂的地方。但是，对那些不习惯阅读社论的人而言，第一段可能就读不下去，他们会觉得文章很难懂。因为这些读者已经认定，只要是论说文都很无趣、很难读。

认为社论难读的读者，之所以这样想是因为社论没有故事性。或许是因为他们从小阅读了太多的故事，所以只要有故事性，再怎么高难度的文章也能读，觉得自己读得懂。他们对于欠缺主角的文章，尤其是抽象论述，一开始就摆出拒绝的姿态。他们认定有趣的东西一定有故事性，不具故事性的社论不可能有趣。

上面那则社论主要是考虑到当时展开的一连串会谈的可能结果，而提出"建构日韩的合作关系之前，有必要先理解两国在追求共同价值时产生的真正感觉"的分析。结论如下：

"我们的重点之一就是现在还在监狱中的前韩国总统金大中的动向。自从他在日本东京被非法逮捕，虽然已历时八年，民众祈祷他能获得自由的声音至今未曾消失。这是日、韩两国展开对话时，绝对不容许被遗忘的重点。"

姑且不论个别读者对此结论的观点。我要说的是，这篇文章的意思非常清楚也可以理解，如果有人不能理解此文，还敢妄言自己受过教育，简直是放肆的行为。每个人都应该要能阅读这样的社论。

退　步

同日的B报社论也有两则，第一则的主题为"初次联合国能源会议与日本"。下面是引用的部分内容：

"占44亿地球总人口67%的"南方"发展中国家，近来目光焦点几乎都集中在新能源的资源与技术上。联合国于10日到21日在肯尼亚首都内罗毕召开为期两周的第一届新再生能源国际会议,即成了新式能源初次登场的舞台。大来佐武郎代表日本政府发表演讲,此外尚有日本通产省国际经济部长山田、科学技术厅资源调查所长儿玉等人出席会议。日本驻联合国大使谷口诚被推荐为会议筹备委员长,由此可见日本的新能源技术受到国际社会相当高的评价。"

文章里提到的问题,对一般读者而言好像很遥远。家庭主妇甚至只看到标题就敬而远之。只有那些具有好奇心的读者会问,这是在谈论什么问题?

写这篇社论的作者,想必也理解这些状况,因此想尽办法写出容易阅读的文章。例如,一开始就仿造新闻,写出44亿、67%、10日、21日这些数字,真是用心良苦。特别是开宗明义指出"南方"的人口占了44亿总人口的67%,就是为了引起读者的兴趣。(日本用北和南代表发达国家与发展中国家,认为发达国家集中在北半球——译者)

此外还列出了日本的出席者。接着在下一段提到,日本政府斥资百亿日元在香川县仁尾町建设两座太阳能发电厂。写作方式非常具体,相当接近平常的专栏报道。

即使如此,这篇文章想表达的内容,对很多读者而言,仍然是未知的世界。读这种文章时，不能采用阅读既知事物的方式，而是需要一边思考、一边阅读。很多地方必须运用想象力去弥补，这是会让人产生抗拒，需要努力才能阅读的文章。对生活忙碌的现代人而言，要拿出这样的毅力恐怕很难吧？

其实不难。孩子们在学校阅读未知，一点一滴累积、扩大已知的世界，大人却刚好相反，退步、缩回到已知的阅读世界里，完全切断与教科书的缘分，在此情况下，很难在知识领域有所进步。

就现代社会而言，报纸是社会教育的重要工具。虽然也有不少报纸以取悦读者为目标，但是报纸仍然可被称为社会人士的"教科书"，社论则是报纸的代表文章。

我不得不说，读者不愿意读社论，对报社与读者双方，都是极为不幸的事。

3. 批评的文章

介绍比批评好

"昭和十五年（1940年）九月，海军军令部召开会议决定三国同盟。"

这是某报纸所登的《联合舰队》影评文章中的一小段，紧接的文字是：

尽管联合舰队司令长官山本五十六（小林桂树饰演）反对，及川海相（藤田进）仍断言"不得不做"。日本从此与德国、意大利组成轴心国，卷入激烈大战。昭和二十年（1945年）四月，面临大和战舰特攻向冲绳方向出击，历经两小时会议，又是在及川总理断言"不得不做"的情况下做出结论。电影描绘在珍珠湾与冲绳海战的夹攻之下,舰队的动作愈来愈弱的同时,还描述了被政权玩弄的一群人。剧本／须崎胜弥,特别摄影／中野昭庆,导演／松林宗惠。

当然这篇文章并没有把整部电影描述出来,而只是择要性地介绍部分情节。阅读影评与阅读棒球新闻不同,读者通常还没看过电影,虽然偶尔有人已看过电影,而且对影评具有兴趣,不过这种例外情况应该很少。因此,对于没看过的人,最好还是以介绍为主比较适当,一开始就提出评论会让读者感到混乱。

这篇有关《联合舰队》的影评就是如此,在前面提到的段落之后,接着便是介绍的文章。在读者多少已经有了方向之后,才转向批评,提出"长门裕之娴熟的演技与独特的个人风格,诠释饱尝人情冷暖之后的苦涩感受"的评价,接着再提出深刻的批评:"但是塞了太多东西反而显得空泛,使电影中的人际关系过于刻板、肤浅,因此也把日本百姓深沉的痛楚沉浸在海底。"最后的结语是"在暧昧巧妙的手法里,通常也包藏着危险的陷阱"。

我在想读过这篇影评之后,会有多少读者思考"我要去看这部电影吗？"这个问题。总之，从影评得知有这一部电影，很多人会根据这个影评决定要不要去看这部电影。由于读者感到疑惑时会根据影评决定，评价好就去观赏，不好就作罢，因此现在的影评感觉上可信度不是很高。

过去日本有段时期曾出现过一位笔名为Q的影评人，所写的影评非常受瞩目。后来受到电视普及的影响，影评的影响力已经失去昔日风采。

"只闻其声未见身影"的批评

批评文章通常都很难阅读，因为无法看到实物，或实际的状况。

无论用多么细致的语言去描绘，想利用短短的文章完全理解，应该很困难吧？有时就像在黑夜里看蝙蝠飞翔，虽然能听到声响，却看不见蝙蝠的身影，令人失去耐性。

批评的目的不是为了介绍对象。本来读者在阅读批评文章时，就应该先拥有与对象相关的知识才对，但并非所有读者都拥有相关知识，影评只好兼具介绍的功能，但针对对象的评价和批判才是评论真正的目的。如果连对象是谁都不清楚,就展开批评,将会令那些原本就不熟悉对象是什么的读者,更是摸不着头绪,就好像读者并不想去捕捉黑夜里的蝙蝠,但文章却针对蝙蝠飞翔的方向好坏加以评论,这对局外的读者而言,有何意义?

另外,就算是没观赏过的电影,即使单纯阅读电影介绍,读者也必须具有阅读未知事物的能力,否则可能抓不到重点。因为电影评论含有双重未知的要素,所以很难理解。换句话说,阅读评论文章是一种以高阅读技巧为前提的事情,比一般文章更难。很多人因为不耐烦,就敬而远之。

评论文章若要盛行,批评者或者阅读评论者本身都应该先培养出高水准的理解能力。也就是培养、锻炼能够通过语文想象未曾经验过的世界的能力。如果这样的培训失败了,批评就会变得软弱无力。

电视带来的"错觉"

随着电视的日益普及,一般人对语言的想象力也变得更迟钝了。电视的影像让人以为自己了解更多的事物,也就是所谓的"伪现实"。例如,有人会把电视里的电话铃声,误以为是自己家中的电话铃响,急着站起来去接。

电视与现实生活就是如此接近。

有人去参加朋友的婚宴,在电梯中碰到有名的电视演员,而他刚好是这位演员某部电视剧的影迷,因此面对面时,不禁脱口而出"你好吗?"这句话,好像把电视剧跟现实的生活联结在一起了。

这样的人如果愈来愈多,虚构将不再只是虚构。他们会产生错觉,以为真的有这样的事,把相似的虚拟情景跟现实联想在一起,感到迷惑或生气。

为了事先预防这种误解,目前有许多节目只好在片尾声明,所有剧情与人物全属虚构。

就在这种由电视支配生活的状况下,我们如果没有用眼睛看到真相,便完全无法理解,觉得看不到的东西很难理解,也很无趣。

杂志也一样。照片的版面增加了,插图、插画以前只是用来帮助理解文章,现在主客易位,照片才是主体。用来说明照片的文字称为图说,连图说的写作也变得非常具体,甚至多余。

这种做法将会为阅读带来危机,因为不了解未知和抽象事物的人一定会愈来愈多,所以表达方式同时出现双重未知的文章就会受到排斥。

哲学青年的消失

至今如果还有批评文章能存留,只能说是不可思议的现象。虽然高等教育如此普及,现在的综合性杂志市场却比30年前还不景气。文学杂志也都抱着亏本经营的觉悟。

看太多电视的人,是否对玄学(形而上)的知识了无兴趣呢?过去人数虽少,但还看得到的哲学青年,现在恐怕连听都听不到了。虽然还能听到文学青年这个词汇,却没有年轻人胆敢自称是文学青年。难怪文学杂志要存活是如此地困难。

我认为,根本原因就在于现代人普遍欠缺对语言的认识。

除非认为评论文章很有趣的人增加,否则我们不能说,现代教育已经能教出像样的人。一个人不论身上拥有多高的技术,如果对文化不能持有一定的关注,或者对新世界不具好奇心,就不能被称为有教养的人。

英国有位编辑认为,好的杂志一定要有"能就人物、土地、书籍写出来的优美文章"。这种"就……书写的文章"其实就等于广义的评论,能够提供这种文章的社会,才是成熟的社会。

虽然日本被喻为喜好阅读的国家,大部分的人却是在阅读既知的东西，只有极少数人会读批评、评论的文章。最好的证据就是：大家都不读报纸的社论。

伪评论的横行

即使如此，人类似乎还是具有批评的本能。即使有些读者欠缺理解批评的素养，也会想要补足自己的批判能力。能提供这方面帮助的文章就是人物评论。

就像先前提到的碰到电视演员的例子，即使素未谋面的人，只要不停地听到或读到对方的名字，他也会变成像认识很久的人。知名度很高的艺人会让一般读者对他产生像故友般的感情。

针对这些人物的评论，远比新书的书评容易理解，不会让人产生都是未知信息重叠在一起的感觉。原本不知道的事物，感觉上好像也变得能理解了。原本文章宗旨是在批评主题人物，读者却把它当成在描绘这个人，接着产生这个人就如同文章所描述的一样的错觉。

因此才有人说人物评论与八卦新闻的距离比一张纸的厚度还浅薄。成人喜欢阅读的东西，多数都具有这种伪评论的特性。本身没有阅读未知的能力，却想得知口耳相传的二手信息。只要这种人数量增加，伪评论就会跟着膨胀。

只对伪评论感兴趣的读者，虽认得文字，其实却是不懂得阅读的人。欧美已经开始出现这样的见解。媒体发达的社会，似乎无法避免批评、评论朝这种伪评论的形态蜕变。如果一个人觉得真正的影评、剧评、乐评、书评真的非常有趣，那么可以认定，这个人已经拥有成熟的阅读力。

4. 恶文的效用

被翻译破坏的日语

我（指的就是脑，位居大型电脑中）称呼此令人惊艳的迷你电脑为"幸福的扁担"。"幸福的扁担"在特定的瞬间，会自动将可供选择的两个选项挂在两头，并且选择它认为可以为诸君带来最大幸福的一方。

商业繁荣导致进步的一元论，开始被怀疑是阻碍进步的元凶，或者主张被视为无害的存在并非如此的事态发生，是本来就应该是如此。

以上是引用自别宫贞德（1927年生，日本的翻译学家——译者）的著作《误译、迷译、缺陷翻译》，也就是被各界批评的实例。虽然译文里面有错误的地方，但是首次读这些文章时无从发现，就算再次阅读，也不清楚。如果属于误译还有救，只要将它改正就能够理解，但是也有很多译文虽然翻译方式正确，还是无法让人读懂。

这些文章乍一看虽然是日文的形式，事实上却不是日文。这样的翻译文章何其多？自从明治时代（1868—1912年）以来，日本的翻译文章，半数以上都是这种不像日文的日文。

跟这些文章交手的近代日本青年精英、人才，人数可想而知。当中也有人一直被这种错误翻译文章所惑，由刚才引用的别宫著作中的实例就能想象得到。出版至今已经30年，其间经过好几十次再版的翻译文章，很多地方根本不知所云，却重复印行，也因此受到批评。

有些书虽然是很硬（难读）的书，却可以卖掉几十万册，成为让发行商也傻眼的超级畅销书。但是这种书翻译上却频频出现难解之处，即用日文逻辑根本无法解读的地方。

我对于别宫呼吁的"日本的翻译文章必须更像日语才行"的说法，产生了强烈的共鸣。我们的情况也一样，日本人在翻译的大帽子下，至今仍得被迫阅读遭到破坏的日文。我无法理解，日本人的头脑因此变笨了多少？

"忠于原文"的译法固然没错，但是译者往往只顾忠于作者，却不顾读者的感受，因此翻译出的文章让读者读不懂，这也是理所当然。问题在于，读者在意的只是：了解外国的事物实为必要，稍有疏忽可能就赶不上时代潮流，所以无论如何都得读懂。

他们其实并非真的读懂了，但若照实承认，可能会被嘲笑："连这样的事情都不理解！"因此，每个人都显露出理解的神色。读者想着：只要我努力读的话就应该能懂吧！拥有这种想法的读者越多，不像日文的日文就越能行得通，发生这种状况就不足为奇。然而事实上，一般读者对翻译文章的怨恨可多着呢！

通过翻译汲取未知

直至最近，终于有人认为那种像恶劣文章范本一样的翻译作品，对日本似乎也有出人意料的贡献。这种说法绝对不是讽刺，因为的确有值得赞扬的地方，才有人会这样认为。我也开始反省，以往把这种文章当成死敌是否考虑不周。

近代日本知识分子几乎都读过各种翻译文章，最具代表性的日本出版商岩波书店的古典文学代表作品，全套多达一百册。翻开目录，其中半数以上是翻译作品。

这点说明了近百年日本是处于翻译文化的时代。

不管人们喜欢还是不喜欢,都得读翻译文章。因为不是很理解,心中可能诅咒翻译文章,即使如此,多数人还是宁可承受痛苦、忍着不说。受此影响,日本人对语言的感觉和逻辑理解力也变得很怪异,不过好处是因此可以获得更多不同的见解吧!

与难解至极的译文恶战苦斗的结果,对读者而言,不是正好把恶文变成求知欲的泉源了吗?有些译文可以说是未消化的日文,完全无视日文的结构与语法。文章本来的内容是已知的,翻译之后的文章却完全走样,变成另一个世界的景象。

总之,对读者而言,阅读翻译文章其实也是阅读未知事物。只是年轻时读教科书是被老师强迫,现在则是为了不落人后而阅读。因为阅读翻译文章表示文化先进,这种社会认可成了后盾,足以让人的阅读欲望沸腾,不至于像年少时在教室里,会产生反弹的心态。

就因为这种心理,再怎么难理解、受尽批评的译文还是继续存在。再者,心中没有这是困难未知的意识,便不以为苦,一直读到现在。也就是说,不读报纸社论的人,却爱读难懂的翻译文章。翻译也属于未知的领域,就像阅读教科书一般,其效果也不容忽视。

在思考中阅读

以手边的翻译作品,德国美术史家沃林格(Wilhelm Worringer,1881—1965)的著作《抽象与移情》为例。我读这本书时非常感动,有段时期甚至无法摆脱它的影响力。草薙正夫(1900—1997,哲学家,神奈川大学名誉教授——译者)的译文绝非容易读的文章。

"关于艺术的需求(从我们近代的立场来说,就是"样式"的要求)的心理学从来没有人写过。我们应该可以称它为一部世界感情史了吧!它也跟相关的宗教史具有同样的价值。根据我的解读,所谓的世界感情就是人类对宇宙,也就是对外在世界的需求,换句话说,就是以绝对的艺术欲望呈现。再者,外在显示为艺术作品,但是其特性(同时呈现心理需求的特性),却以样式之姿与作品凝结。就这样,艺术样式的发展融入各种民族的神学(theology)当中,后人才能借此捕捉到世界感情的种种发展过程。"

这不是可以一口气读完的文章。记得过去我第一次阅读时,好像对此段印象特别深刻,还在旁边画线、写上自己的评语,我想我是对"艺术需求的心理学"有所感触,才会在旁边写下"难道不可能称之为诗形心理学?"的感想。现在重新快速翻阅这本书,发现很多文字旁边都有画线,看得出来当时自己心有所感,我一边看着用铅笔画线的地方,一边思索这种翻译文章的功能。

如果这本《抽象与移情》是用流畅的日文翻译出来的,我怀疑自己阅读时还会有当初那种程度的感动吗?或许反而为简明文章所骗,根本没汲取到新的知识。在读让人产生排斥感的文章时,我们会边读边思考。结果就会像登高山一样,一步一步登上危险的山峰,世界也因此在眼前展开。总之,会感动才是好的。容我批评,这篇文章就日文表现而言,我想足以列为恶文章,但是为了让人感动,我认为有必要作此表现。

有益的恶文章

在此我把恶文章分成两种:好的"恶文"与坏的"恶文"。坏的"恶文"是指把很简单的事写成很难懂的文章,花费苦心读完却没有收获;好的"恶文"是本来就应该很难读,但是努力去读,就一定能够得到收获的文章。

我读过的好的"恶文"不算多,《抽象与移情》算是其中一本。因为这本书让我尝到阅读未知的乐趣,而这样的体验也令我终生难忘。

法律条文虽然不属于翻译文章，但也是难读文章的代表。

①不得让使用者使用劳动契约附带的储蓄契约，或制定管理储蓄金契约。

②使用者欲受委托管理劳动者的储蓄金，必须通过在该工作场所半数以上劳工所组成的劳动工会，若无过半数劳工组成之工会，必须与可以代表过半数员工者拟定书面协定，且向行政官厅提出申请。（日本劳动基准法第十八条）

这也绝非容易理解的文章，亦不是很像日文的表达方式。整天接触这种条文的法律工作者一定很辛苦。我以前总是担心这些人头脑会因此变得奇怪，因此很同情他们。

直到我刻意留意后，发现翻译的恶文具有意想不到的功能，同时也注意到，读法律文章其实也是一种阅读未知的途径，试着读也会发现乐趣。于是我开始觉得阅读法律或许能让人产生获得知识的乐趣。

前面也提到过，现代人对阅读未知没什么兴趣，却喜欢读有趣味性的文章，为迎合读者的要求，发行商就要用尽心思避免引起读者抗拒阅读的心态,结果可读性高的文章非常之多。如果"恶文"分两种,那么可读性高的"好文章"也可以分两种:好的"好文章"与坏的"好文章"。我觉得,现代社会已经被坏的"好文章"席卷与淹没了。

正因为处于这样的时代,好的"恶文章"角色才显得重要。如果能让人体会到阅读未知的喜悦,就更加贵重。把不好读的原文翻译成容易读的文章固然好,但如果变成坏的"好文章"就没有价值了。

我们为了读充满翻译腔的文章,已经吃尽苦头。或许因此痛恨这些文章是错误的想法,但是,一百年来的日本文化,就是靠想要读懂难理解的翻译文章的能量,和认定自己不应该无法阅读未知的气魄,才能一路往前推进至今。这样的说法,绝非夸张。

第3章

1. α型阅读与β型阅读

"音读"的阅读

前面我已经介绍了两种阅读方式,即是分别在第一和第二章陈述的两种阅读方法。

在此,请容我再一次整理这两种阅读法。

其一,在看过也理解内容的情况下阅读棒球比赛新闻所代表的阅读方式,也就是以既知为基础的阅读。对于这种阅读来说,即使文章的表达方式不容易让人理解,读者最后可能还是会得出完全理解的错觉。针对自认为完全理解所读文章的读者,如果摘出部分文章内容,询问内容真意为何,不少人还是会感到迷惑不解。可以说他们其实不懂这篇文章。

这种以既知为基础的基本阅读形式就是音读。也就是无论在任何场合,都得由音读才能展开的阅读。例如阅读体育新闻,如果必须读出声音才能领会,也算是音读。

音读的阅读对象以既知的事物为基础,也是标准的模式。想要跳过这种标准模式,马上从事高层次的阅读,就现代教育而言非常困难。在此断言现在的教育不作为,主要是因为过去日本的教育做了很多草率的事。例如,在日本拥有很长历史的汉文"素读"。

本来声音出现时应该属于音读,但是现代小学生音读的对象是既知事物,而素读则是针对完全不理解内容的朗读学习。素读在形式上是音读,实质上却跨过音读的领域,一开始就进入阅读未知的世界。我将在后面的章节中介绍这种素读。

借着既知的事物引导我们进入阅读未知的世界比较容易,也比较有趣,也因此能从中得到更多的满足感。问题是读再多已知的信息也无法学到新知识,照道理说,只从事既知事物的阅读,读者很难出现变化和进步。

由既知展开的类推

总而言之,我想把这种阅读既知的方式命名为 α 型阅读,相对地把阅读未知的方式命名为 β 型阅读。

所谓 β 型阅读的典型代表就是学校的教科书,就像前面提过的,报纸的社论或评论文章也属于此类型的阅读。和 α 型阅读不同的是,β 型阅读没有垫脚石,只能从文字去理解内容,所以有时会引起误解。

就成人的日常生活而言,完全只从事 β 型阅读的情况并不常见。一般的情况是 α 型阅读里有时候含带 β 型阅读。

无论是读者多么熟悉的文章,其中一定也含带一些未知的事物。不过因为绝大部分都是已知,就算存在少量未知事物,也可以由推敲前后关系而弄明白。像填字游戏(crossword puzzle)就是用人为方式设计好未知的部分,将之藏于已知字词里的游戏。如果完全没有已知,游戏就无法成立。

与此类似的还有外文的填充问题测验。例如:

The event has become ( ) part of history and a haunting vision of what the end of the world ( ) be.

在括弧中填入适当的答案,使此句子变得完整,并符合以下的翻译:"这个事件将成为历史的一部分,同时也会变成不断浮现脑海、暗示世界末日的地狱景象。"

如果不能理解英文的部分所对应的中文句子的意思,就无法填写括弧里的单词。如果理解整体的大意,就会知道前面的括弧理应该填写both,后面的括弧可以填may或者would。

这些无非都是利用既知来类推未知,以补足理解的方式。如果全部的信息都是未知,就无从着手去理解。

混合阅读

阅读也会产生和填字游戏或考试填充题类似的情况,也就是说,既不是完全的 α 型阅读,也不是 β 型阅读,而是两种阅读的混合。虽然里面有 β 型阅读,但是前后都有已知的信息,从已知来推理、补足,多少可以理解未知的部分。

为了协助理解,原则上所有文章都是以 α 型阅读的既知为根基,然后同时置入非懂不可的未知,也就是 β 型阅读一起考量。但事实上大多数是两者的混合。

不管文章多么容易理解,中间还是会掺着一点未知,一定要是 α 型和 β 型的混合阅读才行。同样地,不论内容多么难理解的新文章,里面也一定得存在一些已知的信息才行。一看文字就知道完全不懂的,那一定是指外文,就像英语里有句话:It is Greek to me.(对我而言那是希腊语)所形容的情况一样。对不懂希腊语的人而言,不管说什么他都不懂,就像日本人说"无意义的字"(原文为"珍纷汉纷",意思是指夹杂汉字所以读不懂的日文字——译者)一般。但是对稍微懂点希腊文的人而言,"希腊文"对他而言就不是完全的未知,因此以上的情况也就不成立。

无论被认定含有多大量未知事物的阅读,其实都含有既知的要素,即都是属于 α 型与 β 型的混合型阅读。但在 α 型阅读的比例实在太大时,就不能称为混合型阅读,应该列为 α 型阅读。同样两者并存的情况,如果 β 型阅读占绝对多数,也应该称为 β 型阅读。

一般的阅读还是以 α 与 β 混合型阅读居多。不过由于大多数人只能从事偏 α 型的阅读方式,在阅读的时候,经常误解文章的意思。

阅读的问题

原则上,无论如何都得分清楚 α 型与 β 型阅读的不同,尤其是到了近代(指明治、大正时代——译者)的日本更需要做出区别。理由在于过去的出版业不如现在这般兴盛,出版品的数量不多,也没有那种类型比较模糊的书籍。那时即使是 α 型与 β 型混合阅读,也是 β 型阅读比重偏高。因此当提到阅读时,通常指的都是 β 型阅读。

然而时至今日,印刷文化急遽发展,出版品大量且廉价地出现。最根本的原因并非出版印刷进步神速,或许是因为教育普及,才刺激到出版印刷业吧。

教育的首要任务就是教导阅读,当然不只是教导简单的阅读既知事物而已。随着教育愈来愈普及,只会阅读文字,读到自己认识的东西就能懂的 α 型读者也日渐增多。

这类型的读者无法读自古流传下来的古典书籍,却认定自己能够阅读。他们要求书籍符合自己的口味,也就是用 α 型阅读就能消化,而且这种要求已经变成社会整体的需求,也是决定书籍发行量的重要因素。

出版商对书的营销绝对不可能大意,于是迎合 α 型读者喜好的出版品不断增加,演变到最后,所有的书籍或多或少都变成 α 型出版品了,这就是所谓的大众传播文化。

此类型的出版品都会预先注意、删除可能引起读者抗拒的内容,使得只要具有一般常识的读者,都能够顺畅地阅读。于是,容易博得读者青睐、轻快易懂的书报杂志充斥坊间。这种书籍几乎没有掺杂 β 型阅读要素,

已经可以说是纯 α 型阅读。以过去的阅读角度来看，这也是前所未见阅读形态。当这种异常的阅读变成理所当然时，阅读的危机就到来了。

针对这种状况，我认为有必要考虑一开始就采用 β 型阅读，或者说是接近纯粹 β 型的阅读方式。正因为欠缺以上观点，至今日本的学校教育，才会毫无所获吧？这不仅仅是国语教育，也是整个教育体制的问题。

2. 幼儿的词语

母语的教育

词语的问题，从人类一出生就开始了。有人认为是从学校教育才出现问题，这种想法并不正确。

有关 α 型阅读与 β 型阅读的区分，似乎也不是由学校的国语教学才开始。到底两者之间有何不同？就如本书到目前为止所提到的，并非只是阅读技巧上的不同而已。

一般认为，无论 α 型阅读或 β 型阅读，根基都与语言学习有很深的关联。也就是说，理解 α 型阅读与 β 型阅读必要的工具，就潜藏在词语这种东西当中。

在此有必要先思索一下幼儿是如何学习语言的。

无论哪个小孩，都不可能一出生就理解语言。从狼群里长大的小孩根本不会说话这件事可以得知：语言是从人的教导中记忆、学习而来。孩子的语言学习在比学校教育更早的阶段就开始了，语言的老师就是母亲。只是母亲们通常都没有自己正在教育小孩的自觉罢了。

明明正处于大家如此关心教育的现代社会，也在一个把幼儿学前教育定义为音乐、外语、绘画，并且热衷实行的现代，为何大家对于幼儿时期的基本语言教育几乎不存有任何问题？

我想，只有少数人会去思考，母亲生下儿女时是如何把"妈妈的语言"教给孩子。所有的孩子几乎是无意识地在使用母语，婴儿就这样听着并记住词语。不理解也还能顺利使用的人，算是运气好吧！

特别是在第一胎、由没经验的母亲教导的小孩身上，会发生很多母语教育不顺利的状况。虽然用词语无法衡量孩子的程度，但是通过词语学习，孩子开始学会分辨、逐渐懂事，进步神速。没有经验的母亲，如果无法教育孩子认识词语，俗话说："三岁看老"，对孩子以后的人生也会留下深刻的影响。没有受好语言教育的孩子，在往后的成长中也会受到挫折。古时候的日本人甚至用严重的谚语"傻子老大"（原文为"总领的甚六"，总领即长子，甚六即傻子——译者）来形容没有被教育好的第一个孩子。可见幼儿的语言教育多么受到重视，只怕不足，不怕过多。因为，语言教育是所有教育的基础。

重复学习既知与未知

由于教导的方式适当，日本儿童刚进入小学的时候，大体上都适应良好。那时的语言分为两个部分：一是根据已经知道的交谈内容和理解的词语，另一种则是根据自己还没有直接经验的事物进行交谈与理解的词语。通常前者是具体的，后者则属于抽象的。

刚生下来的婴儿根本不认识词汇。对幼儿而言所有的事物都是未知，也不具备任何知识。在此情况下要如何教幼儿认识词语？几乎没有人真正懂得方法。但是两年之后，幼儿自然就开始理解词语。相较之下，我们就算学两年外文，也几乎无法做到轻松交谈，因为无法完全听懂。如果将这两件事合并考虑就会发现，幼儿学语言的效果真是奇迹。婴儿完全不认识任何的词语，因此无法用既有的词语教他。但是学习外语时，我们已经懂得母语。也就是说，我们是在完全不懂语言的情况下，开始学习母语。

总之，就理论上来看，显然几乎所有的儿童都能跨越这重难关,顺利学会使用语言。学习词语只能从既知的事物学起,而刚出生的婴儿什么也不知道,对幼儿来说一切都是未知。

怎么才能教会他们使用词语呢?就是不断重复叙述同一个词汇。在同样的状况下,不断重复说出相同的词汇,这些词汇就逐渐变成既知,具有既知的特质。根据我的了解,时常且充分地重复同一词语,词语与所代表的事物就会产生连带关系(但是如果不具有这种必然的关系,情况就变成首次听到的新词语)。

例如,母亲在孩子面前,不断重复称呼自己"妈妈",就会让孩子理解自己的母亲与"妈妈"这个词语之间存在关系。

同样的过程一再重复,孩子就会逐个记住每一个词语。

用此方法学得的词语,还必须通过不断地重复使用,才能变成既知的知识。另一方面学习的对象也只限于孩子的经验世界里的事物——主要就是周遭各种东西的名字。换句话说,无论你重复多少次,也不可能让一个零岁幼儿学会"民主主义"这个词汇。

母乳语与离乳语

用此方法记忆身旁事物名字所得到的词语,我称为母乳语。学习这种词语到某个阶段,就得开始学习另一种性质完全不同的词汇。

母乳语指的是具体的、可以体验到的世间事物;相对的还有一种词语是抽象的、孩子们无法体验到的事物。我称呼这种词语为"离乳语"。

母乳语教育孩子的是词语与代表事物之间确定不变的关系。事实上诚如先前所提到的,这种关系只是社会上约定俗成的,而非必然。因此孩子们必须通过重复的学习,建立两者的关系。

当两者牢牢地联结在一起时,母乳语的学习就算完成。但人类是语言的动物,这样的语言学习还不够充分,必须再学会另一种语言——离乳语才行。

学习离乳语的方法刚好相反,即尽量切断词语与所代表事物的关联,也就是教导孩子刻意地切断母乳语中已经具备的切实联结关系,其中复杂的问题,并非婴幼儿所能理解。但是理论上,孩子如果无法直接使用代表词语的记号,在学习知识的过程中,就会产生障碍。这样一来孩子即使前往学校学习,也无法理解学校所教的东西。

从离乳语的特质，也就是切断词语与所代表事物之间的关系来看，好像是不切实际的谎言。母乳语不能是谎言，因其都是具体存在的事物。而与具体事物或现实无关也可以运用的离乳语，则可以任意说谎而不受限制。

例如狼根本没有现身，也高喊狼来了，造成人们的恐慌，这种是对社会有害的谎言。当然，大人必须教导小孩不可以说这种谎言。但是就在我们所尊重的语言文化当中，很多欠缺具体或现实存在事物支撑的表现，即所谓广义的谎言，比想象中还要多。

这些文章冠上创作、虚构、小说的名号，简单地说就是很美、具有商品价值的谎言。人类的思想偶尔也是利用虚构语言的表现，人类文化里也出现过广义的谎言（所言内容虽然是事实，但是导致的结论却非客观的事实——译者），这实在令人感到讶异。

决定一生的幼儿时期

人类在幼儿时期就必须学会以上两种词语，母乳语和离乳语。母乳语是在既知的前提下使用、理解，后者则是理解事物未知时使用的词语。以另一种方式形容，母乳语就是 α 语，离乳语就是 β 语。

一般的幼儿都能使用这两种词语的表达。如果只能使用 α 语，无法顺利理解 β 语，在学校学习知识就会遇到很大的障碍。

容我再重复一次，词语的教育并非从学校才开始，而是就读小学之前就应该完成的基础教育。也就是说，无论是针对 α 型阅读所需的言语行动或 β 型阅读所需的言语能力，一定得趁幼儿时期学好。

至今我一再强调，α 型阅读、β 型阅读、母乳语、离乳语等词语，内在所隐藏的信息，只是通过文字再次重现罢了。因此，阅读并非是到了小学之后才突然出现的东西。通过这种思维，我们就能够理解，幼儿的言语教育足以左右孩子的一生。也就是说，一个人有无阅读未知的能力，跟他小时候有无学习 β 语、离乳语有相当大的关系。

3. 两种词语

退回到 α 型阅读

诚如前面所述，形成 α 型阅读的 α 语是在幼儿时期学习到的；延伸为 β 型阅读的 β 语，正常的情况下也是在幼时就形成的。幼时若没有学好，长大以后就会产生很多问题。

α 语与 α 型阅读是根据既知、已经验过的事物所产生的言语活动。与此相对的情况，β 语与 β 型阅读则是为了认识未知事物而展开的言语活动。

β 语与 β 型阅读成为产生新思考与新认知的工具，其功能非常重要。由于至今为止的语言教育，一直未曾仔细区别 α 型与 β 型词语的不同，也就一直无法确立有效的学习方式。

不仅如此，一般社会人士在阅读书籍、写文章或言谈之间，从头到尾几乎都是用 α 语，却产生了自己在运用非常高难度语言的错觉。

有人便乘虚而入，诱导读者走向 α 型阅读，然后为了满足读者需求，再细心地制造大量迎合读者的书刊杂志。读者不断接触这些书报之后，遂以为用 α 语表达的才是正常读物，β 语文章虽然很重要，却因为很难读而被读者归为无趣的文章而排斥，搁置在角落。

在学校就读时，虽然讨厌 β 型阅读却不得不读，因此让自己的智能多少有所发展。等到出了社会，脱离学校的控制，加上 β 型阅读实在太难了，便又慢慢地退缩，回到 α 型阅读。离开学校之后，一生再也没有机会接触到 β 型阅读的人，并不在少数。

值得注意的是，最近几年社会人士当中，开始利用读书向高度未知世界挑战的人增加了。过去 β 型阅读的核心阶层是学生，但有人说学生逐渐不像过去那般爱读书，反而是社会人士从事 β 型阅读的人增加，这是现下的新现象。

目前日本的读者主要是二十岁左右的学生。由于日本的读书人多数为年轻人，出版界必须经常变换花样，面对被时尚流行玩弄的命运。而社会人士当中，虽然只有一部分人明显拥有 β 型阅读的倾向，还是值得我们留意其变化。

RC 与 EC 的理论

英国的社会语言学家巴兹尔·伯恩斯坦（Basil Bernstein）把语言二分为限定代码（Restricted Code，简称 RC，也称为局限型语言符码）与精密代码（Elaborated Code，简称 EC，也称为精致型语言符码），引起了广泛的注意（语言符码 [Language Code] 是语言沟通系统的抽象原则——译者）。所谓的限定代码（RC）主要是用在关系亲近的人之间，用字遣词上多有省略；所谓的精密代码（EC）是符合逻辑、文法，更加完备的正式词语。

后世有人认为限定代码与精密代码的理论是想在教育上区分阶级，伯恩斯坦也因而饱受误解。虽然伯恩斯坦的真正意图并非如此简单，但事实上，英国低收入家庭主要都是使用限定代码，而中产阶级的小孩在居家生活语言中通常使用精密代码，这种情况确实容易让人误解。大家也都认定，就是这种差异造成中产阶级与低收入阶层孩子学习成果出现差距，因而提出批判。

社会阶级与阶级差别意识的存在是众所周知的事实。

英国人认定这种思维是阶级意识，进而加以谴责。在此姑且放下阶级的话题，把问题转移到为何中产阶级的子女在学校的成绩往往比较优异，原因就在学校老师解说时主要是用精密代码的语言，对那些在家中较常使用精密代码的子女，自然比较有利。

其实这个问题不应该跟阶级问题扯在一起，我们应该把目光焦点放在教育的本质上，由此去理解比较正确。近代教育的特质是公式化，具有逻辑性、知识性以及超乎日常生活范围。所谓的学习就是克服现实问题，脱离所处的困境。因此，与现实生活紧密结合的限定代码，反而与现行教育很难融合。现行教育与精密代码则有较亲近的感觉。其实这种现象与阶级并无关系。此外，如果孩子在日常生活中，直觉倾向使用精密代码，那么在以采用精密代码为主的教育过程中，当然会显现出良好的适应力。

智商差等于语言能力差

在此，我们不妨将美国的教育纳入思考范围。

三十多年前，白人儿童与黑人儿童的智力差距曾经是很大的问题，黑人儿童的智商明显偏低。有些白人根据这项调查，不停地强调白人比黑人优秀。有一部分黑人，甚至也被迫承认这种说法的真实性。

对此持疑的社会学家于是展开了进一步的调查，结果发现原因与家中使用的语言有关。

例如：黑人家庭的母亲面对打破玻璃的小孩，通常只会丢出一句："你看你做了什么？"或者打小孩的屁股、处罚小孩，却不会提到为什么不能这样做。如果孩子询问理由，母亲大多只会回答："不能做就是不能做啊！"孩子因为讨厌挨打，才知道打破玻璃并非好事。也就是说，因为吃到苦头，所以不再打破玻璃。这个过程中语言扮演的角色很轻微。

相对地，白人家庭的母亲会通过语言，设法让孩子理解不能那样做的理由。白人中当然也有像黑人一样用体罚代替口头教育的母亲，但大多数是用语言解说。虽然这样做也不一定就能让孩子懂得多少道理，但对训练孩子分辨善恶，协助孩子走入抽象思考的境界还是有效的。

白人儿童智商高并不是因为他们拥有白人的基因，而是因为他们出身于能够委婉运用词语的家庭，能更好地适应以语言文化为基础的考试。

从事这项调查的美国学者，曾针对两种家庭进行以下的实验。

他们训练黑人母亲,用很细致的词语指出孩子犯错的理由。研究报告显示,由这些母亲照顾的小孩的智商与白人小孩的智商几乎没有差别。总之,人种不同造成的智商差距,其实就是由日常生活所使用的词语造成的。

β 语衍生人类文化

伯恩斯坦的限定代码(RC)与精密代码(EC)理论,曾被批评为只是针对阶级考量,容易引起社会的反感和误解,其实这种解释并不合理。大多数人认为,伯恩斯坦的真正意图是:更单纯的语言,也就是日常使用的语言,会影响孩子的智力。

幸好日本社会并没有所谓的阶级差别或人种差异,因此日本人也没有把人的智力与阶级、种族放在一起考虑的习惯。因此,在日本可以轻易地将语言问题单纯地切割开来。

如果把此书到目前为止的论述,与伯恩斯坦的 RC、EC 理论结合,就能导出下面的结论。孩提时代的母乳语可视同 RC,离乳语可视同 EC;就阅读而言,α 型阅读可视为 RC 阅读,β 型阅读可视为 EC 阅读。

在实际的生活中,无论是属于 RC 的 α 语或 EC 的 β

语都是必要的语言。因为是RC就否定或贬低α语的做法并不合理。

而在今天，愈来愈多人类文化是用β语（也就是EC）建构而成。为了传承文化而学习语言时，β型阅读是绝对不可缺少的工具，其重要性不容小觑。

至今为止，阅读一直处于性质不分的状态，我们便也一直忽略其中的低效和不合理的状况。我认为，无论是对学校、家庭还是社会，适当地导入β语和β型阅读都是相当紧急且重要的课题。

4. 切换

如何将音读转换为默读？

现在的阅读教育似乎只能从音读的 α 型阅读起步。但是从另一个角度看，若要学习新事物，β 型阅读又是必要的工具。

如何从 α 型阅读转型成 β 型阅读？应该用什么方法来切换？这当然是个大问题，却从未受到注意。原因之一与我先前提到的人类从未区分既知的阅读与未知的阅读有关。事实上，以经验为依据的智慧，虽然可以从一个人传承给另一个人，但有时候会失败。如果传承失败，就会形成只能用 α 型阅读的局面，所有的东西都可以读，但是大多数的东西就算读了也不解其意。

首先要解决的问题是，如何才能将 α 型阅读的音读顺利改变成默读？虽然并非所有的默读都属于β型阅读，也有很多是属于α型阅读，而β型阅读里也有用音读进行的状况。换句话说，我们无法断言默读一定比音读好，两者之间只是技巧上有所不同而已。

但是开始阅读时非得使用音读不可，因为没有读出声音就无法了解自己是否真的能读，无论如何，最后都会变成α型阅读。到底要怎么改成默读呢？

关于这点，学校并未清楚地教我们方法。回头看我们所受的教育就能了解，我们并不清楚自己是循何种途径学会默读的。就我本身的经验而言，是在大量阅览那些少年杂志时，不知不觉间学到了默读和速读的要诀。我想我似乎不曾从学校里学到有关默读的方法。

或许不能完全怪罪学校的国语教育没有教学生将音读转换成默读的方法。阅读时考虑到音读会骚扰到邻座的同学，自然就会偏向采用默读方式，因此就算学校不教，一段时间之后自然就懂得默读。

与此相比，如何将α型阅读切换成β型阅读这个问题显然重要多了。"反正总有一天自然就会。"这种毫不在意的乐天想法实在要不得，这种转换要有一定程度的自觉。

但是到底用什么教育方法来教？这实在令人担心，

尤其是在不了解指导老师是否能教的时候。虽然还是有人学会 β 型阅读了，但我想应该是碰巧学会的吧！下述只是笔者为此想到的一点建议。当然还有其他方法可以切换到 β 型阅读，稍后再提，因为我们必须先学好正统的转换方法才行。

通过故事转换

最有效的方式，就是通过文学作品、故事做转换。

创作本身具有不同的个性。每一个故事，从文字层面就可以带来亲切的感觉。优秀的小说作品不但具有特殊性也具有通俗性。即使故事发生在很久以前或遥远的地方，阅读时也可以立即把现场拉到读者眼前，另外，故事中的喜怒哀乐也会加深读者对故事的印象。

事实上我们可以认定，阅读小说是非常轻松的 α 型阅读，让人感觉非常亲切和深刻。有情节又有趣味性的东西，就是故事。

然而，创作是在表现独特的世界，里面潜藏着许多信息，超出了那些只读皮毛、不知实际的读者的既知范围。所谓的 β 型阅读就是能够挖掘、吸收这些信息的阅读方式。

所以对于文学作品或故事，我们也可以采用双重的阅读方式。能用 α 型阅读的地方很容易理解，乍读之下非常亲切，具有吸引人的魅力，能让人能津津有味地读下去。被这种感觉吸引之后，自然就走入 β 型阅读，不至于产生突兀和抗拒的感觉。这也就是从 α 型阅读开始，慢慢进入 β 型阅读的境界。就 α 型阅读的入门方法而言，文学作品与故事是最好的工具。

虽然我们没有总结出这样的理论，但很多时候其实就是这样做的。例如，学校的国语课本通常编入许多故事，就是很恰当的做法。

这样做当然并非只为了充当媒介，引导学生走入 β 型阅读，但是我们可以说，这种做法却成了聪明的措施。换句话说，只要处理方式正确，学生自然就能学会 β 型阅读的技巧，因为材料已经准备齐全了。

止于文学

接着问题便出现在如何恰当地处理和操作上。阅读技巧主要是由国语科的老师负责，日本国内有相当多喜爱教导文学的国语老师。这样虽然很好，但是这些爱好文学的国语老师，并不认为故事可以被当成通往 β 型阅读的媒介，因此不愿意去正视。他们从头开始就以研究文学为最终目标而从事阅读。他们的思维里也没有所谓的既知阅读或未知阅读，只是一心一意沉浸在文学当中。

认定这种国语文学教育才是优良教育方式的想法似乎已成为传统，至今仍然牢不可破，也没有人就此提出异议。

国语教育采用文学作品作为教材，是为了让学生阅读优异的作品，并不是为了培养出小说家或文学评论家吧？

故事可以说是桥梁，帮人过河走向 β 型阅读。问题是，现在的国语文学教育的理想却宁可一直停留在桥上，拒绝走过桥到对岸，这就导致无论你读了多少文学作品，还是无法学会 β 型的阅读手法。

本来给学生文学作品当教材就足够了，却还出现作者的传记、作品诞生的历史，有时连时代背景都拿来当成帮助学生理解的注解和说明。对国语文学教育而言，这种做法并不正确。阅读作品时，单纯地阅读就好，否则会让原本充满未知要素的文章，被误想成已知的东西，最后只做到 α 型阅读，就感到满足而停滞不前。

理论上文学作品是最适合作为 β 型阅读的入门教材的，但很多时候因为出现上述现象，我们无法成功将文学作品转换成 β 型阅读。

这也就是为何很喜欢文学的人，未必能熟练运用β型阅读。

故事有连续的脉络可循，所以很容易让人产生亲切感。我们多数时候是因为感情作用而接纳作品。有人因此察觉到，这对培养知识性的β型阅读而言，可能起不到什么作用。

近年来，国语教科书里，知识性的散文如论说文或解说文章的比例愈来愈高，引起学界注目。只要阅读到未知的内容，就知道是谈论未知的文章。像故事那样有趣而容易带给读者错觉、以为发生在自己身边的情况也因此减少了。

β型阅读是所有学科的基本阅读方式

这代表了转换时不需经由α型阅读，而是一开始就必须直接进入β型阅读。对已经习惯阅读故事的读者而言，眼里所反映出的厌烦情绪，一定胜过实际的程度吧。

如果想用非文学教材练习β型阅读，并且想要获得效果，就得彻底研究由α型阅读转换成β型阅读的方法。换句话说，我们有必要重新检讨从α型阅读转换成β型阅读的可能性。

如果不先解决这个问题，只是让学生读知识性的散文，结果当然就会出现像序章提到的中学生的例子。他们只能算是受害者，若被指责实在太可怜。

目前学校的教学，并无保证会依据以上的顺序，切实地教育学生由 α 型阅读转换成 β 型阅读。不仅如此，学校还强制学生依据字面上的意思学习未知的事物，那些原文教科书实在令人担心。

β 型阅读的问题不只是出现在国语教育上，几乎和所有的阅读活动都有关系。如果不懂如何做好 β 型阅读，那么所有想要传授新知识的教育，都无法取得成效。

把如此重大的责任完全委托给国语老师，其实并不恰当。其他学科的老师也应该就各自的领域，积极地参与解决这个问题。如果嫌国语教育太偏向文学性质，就应该研究出能保证学生学会 β 型阅读的新方法。

床边故事的教育

我在前面提过，幼儿时期的语言有 α 语的母乳语和 β 语的离乳语。

但是我并未提到，从母乳语转换成离乳语的方法。主要是因为我认为把它放在 α 型阅读转换成 β 型阅读的方法之后解说较佳。在前面章节我提到，通过文学作品、故事转换是最正统的做法，也是其原因。

幼儿时期由 α 语切换成 β 语的过程也是相同的。最常使用的就是床边的童话故事。童话故事都是虚构的小说，很多内容与现实不符，近似文学作品。

在具体的母乳语当中，如果要有效地切断词语和所代表事物必然产生的关联，只有改变方式，教导孩子们认识超乎现实事物的词语才行，但是不能因此就给他们明显不适当的教材，如哲学理论等。如此一来，教材一定得是有趣味的东西，且要能百听不厌，重复再听也仍会喜欢。只有无论重复多少次，味道都不会变的典型词语才适用。

然而这样的东西事实上并不多见，最后就只能选择童话。只要是童话就具有攻不破的传统性，就算重复十次、二十次孩子也不会感到厌烦。

从根本还没考虑到何谓学校教育的远古时代开始，好像就有了童话故事的"教育"。古人用童话并非只想保留古代历史，借此流传给下一代，同时也是为了培养语言基础能力，可见古人早已预料到童话是生活的智慧。

人类能够用语言构筑出文化的基础，主要是因为从孩子小时候就让他们养成听童话的习惯，我想，这样说一点也不过分吧!

童话因为没有事实作为依据，词语与具体事物之间并没有明确的关系。这对切断母乳语（α语）与实际事物的联系，助益很大。

美丽的谎言

有语言就有谎言。或许道德人士会怒道："能不说谎最好别说。"但不可言之过早。会带给他人麻烦或具有反社会效果的谎言的确不好，但如果为了避免这些不好的谎言，连语言的虚构性质也一起否定，就会造成严重的问题。

前面我也说过，广泛的人类文化，说起来就是一则美丽的谎言。如果把范围缩小一点，文学当中的小说也是美丽的谎言。自古以来，艺术与文学总是一再被社会人士指责违反道德、败坏风俗，这段历史其实也暗示语言艺术与恼人的谎言拥有相同的本质。

童话是谎言的结晶。开心听着童话的幼儿，在不知不觉间就体会到了词语与事物不具有等同关系。词语只是随意采用的符号，因此不用解说，他们就能理解可能存在着"谎言"，也学会了把α语切换到β语的方法。

已从童话中"毕业"的孩子,经常热衷于自说自话,也就是练习用 β 语表现。大人如果过度禁止他们的行为,有可能会让孩子日后再也无法阅读文学作品。

美国的首任总统华盛顿,在童年时不小心把父亲最喜欢的樱桃树砍倒了。父亲问:"是谁做的?"少年华盛顿毫不隐瞒地承认:"是我做的。"这段故事被喻为诚实的美谈,脍炙人口。但是也有评论家认为,以此事实写成的故事如果在美国流传盛行,并非美国文学界的幸事。当前美国的文学运动兴盛,然而华盛顿砍樱桃树的轶事,却好像不太受欢迎。

认识新事物

在孩子的幼儿期,可以利用童话,让他们学会由 α 语切换到 β 语。孩子开始记忆文字之后,由 α 型阅读切换到 β 型阅读,最适当的工具还是故事和文学作品。两者最好能并行。如果能自然而然、在不知不觉间转换成功,是最理想的方式。

童话里并没有真实的东西,应该很难理解,而童话世界也是虚拟的、未经历过的世界,所以用既有的知识和词语无法理解。那最后我们为何能理解呢?就是靠全神贯注、不断地重复而已。当你不断重复听同样的话时，这些东西就会被不知不觉地装进脑中，最后如果有人问你为何会变成这样，其实你也不清楚。故事就这样进入脑中，你不再感到那是未知的东西，因而形成印象与模式，也形成理解小说文学作品过程的基本形式。

认为文章或词语必须做到读或听一次就能理解，其实是错误的想法。要认识新的事物得花点时间，很难一次就认识清楚。教学时，教完立刻就考试，如果不会就不及格，这样的教育只能教给我们既知的事物。

不理解的地方先搁着也无妨，我们可以先去阅读别的文章。只想要做到即席理解，反而会破坏好不容易才得到的学习 β 型理解的机会。

不知道才有趣

曾经发生过这样的事情。

我有一篇被采用为小学五年级国语教材的散文，编入教科书之后被题名为"红色的气球"。内容是我实际碰到的事，里面提到一位小学女生。这女孩的气球飞进我家的院子里，似乎已过了一段时间。我捡到之后，看到上面写着学校名称、年级和她的名字，随后就写了一张明信片给她。到了年底,她捎来一张贺年卡代替回信。贺年卡上有她的地址,于是我就利用晚间散步时走到女孩的家,当然我只是在院子外头张望了一下就返回家中。从此之后,小女孩每年寄来的暑期问候卡与贺年卡不曾间断。

九州某小学的教师,让所有儿童学习完这篇文章之后写出心得,并送来给我,这位老师附文指出:"最初他们认为这是一篇内容难解的文章,在阅读过程中孩童们开始产生兴趣,真是快乐的学习课程。"不断重复阅读我的文章,原本觉得很难理解的地方也开始显得有趣,身为笔者的我特别高兴,也因为有了序章里出现的中学生事件,这件事才让我更加感动。

检视这些儿童的心得文章,发现他们还是有很多地方不能理解。例如:"为什么升起营火,作者的心情就平静了呢?"(我的文章里写着:心情烦躁不安时,我就升起一堆营火,心情就会舒缓了些)"我觉得他常常跑去女孩子的家呢!"(我想这一定是男生写的,如果是他的话一定会感到很害羞吧)"为什么在晚上去女生家,想调查她吗?"(女孩子们好像很在意哦)"这是什么时候发生的事呢?"(如果我是用"很久以前在某个地方"的口气写文章,就不会有人提出这个问题对吧?)

既然他们写出这么多感想给我，最初我只想就他们不懂的地方给予回答。但是我立刻修正想法，意识到自己不能这样做。就因为他们想要弄懂这些原本不懂的地方，阅读才显得有趣，不是吗？如果直接告诉他们我想好的答案，就会让本来可以导向β型阅读的东西，中途又掉到α型阅读了，这样可能会扼杀孩子的梦想和天真的心，想到这里我就改变主意了。

向危险的高山挑战

虽然我针对班级全体同学回了信，却略过他们提出来的问题，小学生们或许会问，"为什么不回答？"因而为此感到不满。想到这里虽然于心不忍，我还是狠下心不回答，我觉得自己并没有做错。

大体而言，教科书给人的感觉就是无聊、烦闷，但是往往其中也会浮现出微弱的智慧光芒。开始接触到这道光时，一定会产生"我发现了"的心情吧！

β型阅读的目标就是找到这种发现，然后一步一步登上险要的山路。如果有缆车，搭缆车登山也许很方便，然而登山的喜悦，却是用缆车无法感受到的啊！

α型阅读因为轻松所以读起来很开心，β型阅读就很麻烦。但是就像即使有缆车，徒步登山也不会绝迹一样，不管时下有多少书籍都是偏向 α 型阅读，我们也绝对不可以忽略 β 型阅读。

就因为我们处于到处充斥着易读书籍的时代，我们更需要招募敢向危险高山挑战的读者。

5. 素读

"不解其意"的阅读

日本的古人谈到做学问,指的就是汉学,因为没有学校,只能到私塾求学,教材就是中国古文学的"四书五经"。四书包括《大学》《中庸》《论语》《孟子》,五经包括《诗》《书》《礼》《易》《春秋》,让学生阅读《三国演义》或《水浒传》等小说的汉学则未曾见过。

阅读的方法也非常独特,称为"素读",也就是从头到尾没有解说,只让学生大声读书,跟着老师的示范然后朗读。

内田百闲(日本小说家、散文家)在小学时代,曾经被叫到汉学老师那里学习素读。他曾在著作里提及:"在我小的时候,已经没有素读教学了。"他的散文著作

《琴书雅游录》里也曾提到此事。

我用深蓝色的方巾包住《大学》，穿过用土墙建造的、冷清的住屋区，到达老师所住的地方。细木原老师已经是老爷爷了，膝盖上盖着红色的毯子，坐在小房间前面。黄色的皮肤、脸上有着斑点，带着一副超级大的眼镜，乍看之下让人不免联想到狐狸。

我正襟危坐在老师的桌子前面，双手捧着自己带来的书，行礼之后，打开书面对老师，老师一边从对面看着倒反的字，一边用金属制洋伞的细伞骨，指着书上的字。一个字一个字往下指，伞骨也离我愈来愈近。指完一行后老师把伞骨转回去，伞骨的尖端像在纸上跳跃般飞了起来，看起来好像闪电一样。虽然伞骨是黑的，最尖端却有个圆珠子，因为经常在纸上磨着，已经变成一颗银色的珠子，闪闪发亮。

就算我拼命去听，还是不知所云。

物有本末，事有终始，知所先后，则近道矣。

因为不懂，一点也记不起来。

一举攻下城中心

素读是种明知道学生"不懂",却在此状况下继续教学的阅读方式。

为何会做这样的事呢?如果完全无效,这种阅读方式就不可能自古以来就广为流传啊!在很长的时间内大家认为这样有效,也没有采用其他的教育措施,表示这种"因为不懂,一点也记不起来"的素读一定有它的优点,但是人们是否都能理解呢?

没错,谁看到了都会说太勉强了吧!让一个小学生盲目地阅读连大学生都无法读懂的四书五经,不管用什么方式去读,就一般人的认知而言,都是很难做到的,不是吗?

因为要学会游泳很困难,于是在地板上拼命练习,我想如果采用这种学习方式,无论练到何时也学不会游泳。害怕跳进水里,就只在沙滩上游泳,哪能成功?不管怎样,如果不突破一次困境,就学不会游泳。那么明知道对方不会游泳还是把人先推落海里,这也是一种方法,这样也许就能让他学会游泳了。素读对类似这样的读者而言是可以信赖的,但也有人认为,如果同时又笨拙地让学生阅读轻松易懂的东西,读者永远也无法踏进四书五经的世界。

就由 α 型阅读转换到 β 型阅读来看，首先碰到的问题是，我们无法测出必须花多少时间才能转换成功。因此素读的理念就是，一举攻下城中心——先读了再说！

素读培养人格

诚如我的考量，实际上要从 α 型阅读转换到 β 型阅读是很困难，人们经常会停留在 α 型阅读无法突破，非常耗费时间。

一般认为，现代教育根本没有教育学生如何正确使用 β 型阅读。如果有，也是很无理取闹地一开始就强迫学生 β 型阅读，这或许是最实际的现状。事实上，自古以来已经展现成果的素读，绝不能用腐朽等概念来形容，并轻视其功能。

古代社会具有汉学素养的人，往往不只是被看成读书人。这件事其实暗示我们，人类最敬重的应该是能够从素读进入真正的阅读这件事，因为这会对个人的人格形成带来很大的影响。明治时期的汉学家对接受洋学毫无抗拒，明治时期的英学者（以英语研究整体学问的学者——译者）几乎也毫无例外，全部都具有丰富的汉学知识。

这对于把外文翻译成日文的帮助很大。像现在看得到的银行、演说、会社（公司）、内阁、烟草、啤酒、玻璃等日文翻译词语，真让人感动，如果不是具有很深的汉字造诣，一定无法翻译得这么好。

"二战"以后，以片假名代替的外来语泛滥，这造成了很大的问题。看现在的日本人就知道，因为汉字受到限制，导致日本人的汉字能力降低，已经无法用汉字把外文译出来，只好把外文的音用片假名拼出来。明治时期也有很多外来语，但是大多数的名词都用汉字翻译，看不到像现在这样的外来语。

以上提到的只是题外话，其实汉文的素读与外文的阅读相通，β型阅读就是它们的共通点。用母语学习这种阅读方式很难，训练阅读时用外文或汉文这种半外文比较有效。因为这些词语含有大量的未知要素，这样读者就非得用β型阅读不可。

这不仅限于日本的素读。对欧洲而言，中世纪以来学问的主轴为拉丁语，甚至可以说是欧洲的古典，近似日本的汉文。让学生阅读拉丁文是教育最重要的部分。他们对拉丁语的态度就像日本人看待素读一样，认为拉丁语不只是传播知识，同时也能有效地培养个人的人格。

可信赖的教科书

还有一项值得注意的要点，就是教科书。素读主要是以四书五经为主，从没有考虑过拿汉文的小说等作品来从事β型阅读。欧洲的拉丁语课程也一样，教导的东西几乎全部都是古文经典。能记住这些经典的人，一生都是有教养的人士。因此，古典是比任何书籍都值得信赖的教科书。

对β型阅读而言，不可或缺的条件就是选定适当的原文（原版）书籍。如果是很明确的社会上公认的书籍，也可以成为素读的材料。

如果文章诞生的时日还很短，能否流传到下一个时代还是个疑问，大家就不会考虑选择这样的文章作为素读的教科书。

四书五经是已经确立的、绝对可用的教科书，所以可以安心地充当素读材料。

到了明治时代，日本自外国引进配合学习者理解程度的阶段式阅读方法，素读就如朝露般蒸发了。四书五经亦不再像过去那样受到尊重，这是不容忽视的问题。

配合学习者的理解指导对方阅读，遇到未知就给予提示，是非常胆怯的教学方式。美国的英文教科书在编辑时也会针对生词给出很多提示。如果文章中出现学习者不认识的单词,在此课文中至少会出现三次,接下来的课文里也会再出现一两次,编者会让这个字尽量重复出现。理由在于,新出现的单词如果只出现一次,就没有复习的机会,会让学生感到生疏、不亲切。

受到美国这种做法的影响,战后日本的英语教科书也变得平易近人起来。这种让未知的事物一点一滴慢慢加入的方式,跟素读那种快速、直接让学习者阅读完全不懂的古典书籍的方式,形成了强烈的对比。

现在还是需要素读

近代被广泛采用的阶段式阅读,还是会令人担心,即使遇到该用 β 型阅读的状况,有时还是会误用 α 型阅读。这就导致人们无论花费多长的时间,也还是无法真正进入程度较高的 β 型阅读。如果一直用简单易懂、无需强迫就能理解的教科书作为练习的教材,就像一直走平缓的山路一样,就算再怎么努力练习,只要一碰到险要的高山,立刻就会脱队落后。训练登山,不该在平地做模拟训练,同样地,在训练阅读能力时,也该训练超级有效的素读。

我知道这种说法有点牵强,但是要转换成 β 型阅读,就算通过文学作品，也还是会出现半途而废的情况，因此，我认为有必要重新考量素读的效果。

学会素读的方法之一，是选定具有高价值的古典原版书籍作为教材。教材必须是能让学习者及周遭绝对信任的书籍，如果不能信赖，读者会无法忍受再三反复地阅读。

所谓的素读就是，读者很清楚自己并不理解所读的内容，还是继续读，这也是 β 型阅读的原动力。α 型阅读是虽然读得懂部分内容，但是不懂的就是不懂，无法突破。

既然从 α 型阅读转换成 β 型阅读如此困难，不妨从一开始就大胆采用 β 型阅读，并试着检讨出新的素读方法。

6. 读书百遍

读完就成废纸

在东京车站搭乘新干线的乘客,常在上车前匆匆跑到月台上的小店买两三本周刊杂志,把杂志挟在腋下,走到自己的座位,坐下来立刻开始读。读完一本杂志后,就把杂志放在头顶的行李架上,意思就是:我不要了。在抵达大阪车站之前,三本杂志都读完了、也都丢弃了,然后下车离去。我想当事人一定不觉无聊,而觉得很开心吧!

不只杂志,月台的商店架上也摆放平装书(paperback)。乘客上车前买一本书,在车上看得津津有味,到了大阪时已经看完了,走到月台上的废纸桶旁,啪啦一声,丢进桶里就走,这显然是一开始就决定这样做了。

周刊也就算了，他们对外表看起来更正式的平装书也怀着打算只看一次的决心。虽然用决心两字形容可能不太恰当，但这些书本来就是印出来让人看一次就丢的。读者也都了解同意这一点，因此一本新书读完就变成废纸，一点也不觉得可惜。如果这样的书有点玄妙或难以理解，买书的人看完后一定很气愤，因此总是不会有太难的作品出现，但是又怕欠缺刺激而显得无聊，所以也会适度地制造高潮。总之，这种打发时间的书本相当受欢迎。

所有这类型的书，从一开始就以让读者打发时间为目的而创作，以相同目标展现的作品非常多。

随着这种出版物大量涌现，读者就渐渐变成 α 型阅读的俘虏。这样的读者遽增，导致针对这群读者的书籍不断出版，书的价值也因此滑落。

书变成商品

前面的章节提到，内田百闲先行礼之后才打开书本。虽然是很久以前的往事，我还记得小学的时候，在教室里打开书之前，一定要恭敬地念着"恭迎"，而且不能有一丝抗拒的心情。

家长教导小孩："如果踩踏有文字的纸张，学校课业肯定会应付不来，成绩会变差，所以在家也不可以踩踏或跨越报纸。因为把报纸丢在地板上的，一定是做事不用心的家庭。"

当时不管是丢掉多么简易版的书，都会被看成异想天开的行为。由我们那个时代成长过来的人，即使到现在，对书还是抱持着特别的心情，即使知道是一本没有用的书，还是觉得丢掉可惜。当书本开始累积，找不到场地放置时，并不会想到丢弃，只会考虑，要不要建一个书库？购物时，对书的态度也和购买其他商品不一样，总之，我们不想把书看成商品。

然而随着出版业愈来愈朝商业化推进，只要有人读就出版的书也日渐增加。比起读者能不能"读懂"，更让出版商在意的是读者会不会"买"。业界也是以此决胜负，书遂成为消费品。

最明显的证据是现在书籍的封面与装帧都非常华丽。一直卖不出去的书，只要换上美丽的封面，就能畅销到令人讶异的程度。有这种经验的作者不胜枚举，也就是说，不只是书的内容，连装帧也会说话。过去书本装订的朴实程度，其实就象征着读者的信赖度。现代人眼睛只看华丽书皮的现象简直令人难以置信。

英国的情况似乎也大同小异。由"二战"前到战争中期，由企鹅集团（Penguin Group）发行的企鹅丛书（Penguin books），它的平装书外观，非常引人注目，可以说是以低廉价格供应的优良教科书，装帧方式也很简单，周围用橘色渲染，看起来很清新。封面（在一般人眼里的感觉）比俗丽的美国书更令人喜欢。

但是到了战争刚结束，企鹅集团的非小说类（nonfiction）书籍鹈鹕系列（Pelican books）问世，首次见到时我不禁惊叫出声，封面虽然没有美国书那么庸俗，但是已经变成彩色印刷与华丽的装帧了。现在再回头看，出版业的确是一直朝商业化迈进。

只看一眼的读者

随着出版物的变化，阅读方式也跟着发生了改变。换句话说，非读不可的书接踵而至，阅读的速度赶不上出版的速度。如果慢慢阅读就会落在人后，为此感到着急的读者非常多。

中国的成语有一句"韦编三绝"（出自《史记·卷四七·孔子世家》记载孔子晚年勤读《易经》的故事——译者）。书的缝线断了三次，因为一本书被重复阅读了无数次。最近耳边已经很少听到这样的词语了。别提"韦编三绝",现代人当中,到目前为止有5本以上读过3次的书的,到底有多少人呢?

"这本书很难,不敢说自己已经非常理解,但这是本很棒的书,让人很想再读一次,应该再读一次才行。"以上是一般人的想法,却经常无法执行自己下定的决心,因为后面还有评价不错的书等着阅读。虽非出于本意,但还是失去再读一次的机会。因此,大多数的书都只能拥有只读一次的读者。

这种只读一次的读者,往往不知道什么是忍耐,稍微感到艰难就放弃阅读。为了避免这种情况,书也变得愈来愈容易理解,出版社对此特别用心,预先清除了可能让读者产生抗拒心理的内容。

假如有人想第二次或第三次读一本书,可能也无法顺利完成。因为那种读一次就可以丢的书带给读者的是不同的感觉,虽然我不敢说读者绝对不会读第二次,但要读到"韦编三绝"的程度是不可能的。

能让人连读三次感觉还是一样,甚至愈读愈有味道的书到底有多少?这种书一定是让人重复阅读也能感触良多。就这点而言,古人只取原版经典当素读的材料,舍弃小说类的文章,可以说是智慧之举。相当有名的杰出作品当中,小说、故事虽然能让人想再读一次的情况不少,但世界上如果有可以让人读十次的小说,我倒很想拜读。

β 型阅读的最高手法

β 型阅读,可以通过不断重复阅读内容难懂的书本,达到阅读未知的境界。素读就是最好的实例。就算不是素读(背诵),只要重复阅读十次、十五次,自然就能体会到阅读未知的感觉。无论多么难懂的文章或书籍,只要反复阅读,就会理解文章的意思。古人提出"读书百遍,其义自见"的明训,素读也就是通往 β 型阅读最高明的手段。

沿用欧洲近代教育潮流的日本教育,在远离"读书百遍"和"韦编三绝"的理念下,径自培养未知的阅读能力,所用的方法就是通过给予创作、故事等桥梁,让学习者由 α 型阅读移往 β 型阅读。但是就像眼前所见到的,这种方法事实上很难获得成功。

因此我认为,有必要重新厘清素读、读书百遍等词汇的现代意义,但几乎没有人愿意听我说这个想法。大家只担心现代人远离印刷文字和书本。然而什么是真正的阅读？一本接一本读完手边的书，真的比没有读书好吗？这样的疑问为什么一直都没有被提出来？

现代社会里，以只读一次的读者为目标的大众传播如此发达，不用说也能理解，为什么大家不喜欢听到一本书得读无数次才行的读书理论。

就算方向如此不明确，正确的方法并不会变。那些不愿意重复阅读的人，我想就算让他读破万卷书，也不能就此认定他是真的读过书吧！

默念古典书籍

如果要找出 β 型阅读的要诀，我想最切实际的是把古典书籍读上一百遍，但是最让人难过的也在于这并不是现代的潮流。

十九世纪英国有位思想家约翰·拉斯金（John Ruskin，1819—1900，作家、艺术家、艺术评论家——译者），对明治时代的英语科系学生来说应该非常熟悉，他是首度提出"公害"这个词汇的先知先觉者，最近美国又给予他新的评价。

拉斯金是著名的作家，他小时候受到了和别人不同的特殊教育。拉斯金三岁的时候，他的母亲买了两本《圣经》，一册给他。他的母亲每天都音读一小段《圣经》，拉斯金随后跟着母亲读。一年结束时，《圣经》的旧约与新约就全部读完一次，就这样到了十五岁，没有一年停止阅读过。在这个过程中，拉斯金记住了半数以上的《圣经》内容。也就是说，欧洲也有所谓的素读。不断重复读，自然就能够背诵。

就算做不到背诵或素读，至少可以默念有名的文章。但也有人担心这种默念是一种填鸭式教育，或许正因为这层顾虑，默念才无法被采用。有关默念，请容我留待下章叙述。

古时候的东西当然是旧的，但是旧并不代表陈腐。新的事物虽然有趣，却还未曾经过时间的考验。新的事物有一天会变旧，旧的东西就没有变旧之虞了。

第4章

1. 古文经典与外国语文

遥远的古典

从出生就开始用的语言，会带着各种感情。对生活在都市的人而言，"故乡"这个词语，与培育自己的自然河山、老朋友、中元节，以及春节时想回家看看的心情都有着紧密的联系。

当你在文章读到被这种情绪渲染的未知事物时，也能感觉到亲切，未知的东西很容易被想成既知。当然其中八九成如果已经理解，其余一两成就算是未知，也会产生自己已经理解的错觉。

等到长大成人，对语言的感觉也就逐渐固定，把未知当成已知的程度也跟着扩大。最后你会发现，未知的东西愈来愈少了。

只要使用母语就很难躲避这种陷阱，无论在哪一个时代、哪一个国家，人类都无法只用当时的语言从事"教育"，原因就在这里。因此，一定要学古典，因为古典大多是从遥远的古代流传下来的书本。换句话说，只用日常语言，很难走上通往未知世界的道路，我想人类通过经验，已经能了解这个道理。

要了解古代经典并非易事。过去的时代发生的事，无论记录多么详细，难理解的程度应该仍比探究不认识的运动规则困难好几倍。

古典的东西当然不可能一读就懂，必须重复阅读好几次，过程中不理解的东西自然就能理解，这就是所谓的读书百遍。马上能理解的文章就无需这样做，因为不能理解，才会有人采用素读这种阅读方法。总之，先记起来再说，这就是完全的背诵。

现代人重视实用的读书方式，因为很多人读书是为了得到直接的利益。或许有人会辩解说："不知道何时才能理解，只让我一直读，我又不是闲得没事做！"再者，想读、应该读的书还有很多，让人安静地坐着，埋头在一本书中重复阅读，一般人一定会感到心烦。

如何选定古典书籍？

本来古典的价值就很难确立，在这个时代的社会当中，更难确定什么是"古典"。虽然有人说有些书即使不是古典，也可以反复诵读，但我认为这样很难成功。

"二战"后所谓的素读或默念几乎完全绝迹，主要就是因为价值观动摇，无法确立。支持过去古典书籍的价值观动摇，甚至受到质疑，古典因此逐渐消失。找不到有价值的东西来替代，新的古典也很难形成。

我怀疑在现今的日本，真的有那种能被千万人认同，堪称"古典中的古典"的书籍存在吗？真的有可以代替过去四书五经的书吗？我想答案是否定的。现代的阅读让日本人的阅读能力变弱了，完全不进行高层次的阅读，一味用量来填补，便容易产生问题。也就是说，现代人用阅读的量来转移品质上的缺陷，让自己安心。

读书的目的是向未知挑战，因此我希望社会上要有真正的共识，理解付出心力去了解未知的价值。如果脑中还会掠过"只是这样做是有价值的吗"的怀疑之心，就很难持续这场像"修苦行"一样的长跑了。

β型阅读之所以显得格外困难，是因为所谓的古典变得模糊难辨。只要社会上没有确实地认定是古典，就只好各负其责，自己做出选择，通过不断重复阅读自己选择的书籍，让自己学会 β 型阅读。这也是留给现代读者最后的方法。

如果因为自己的选择错误，而让自己无法达到预期目的，那是个人的失败，不能埋怨他人。不过，不管你的选择多么错误，就先把它当成影响自己一生的书，然后不断重复阅读，最后也会出现一定的成果。

学习外语的效果

外语的阅读与母语不同。看起来很平常的外语文章，读起来却让人难以理解意思。就算懂了概念，因为欠缺感觉，还是让人有如隔靴搔痒一般。彻底读透文章，经过反复思考，即使大致理解了文章的意思，但对自己的理解是否正确，还是没有把握，战战兢兢、如履薄冰。

就算是既知的事物，阅读起来也像是未知。当然，这可以让人养成集中注意力去阅读的习惯。因此就学习 β 型阅读而言，阅读外语和古典同样都是非常有效的方法。

就像我先前提到的翻译里的恶文章，就因为非常难懂，才能有效地提升我们的理解力。不用测试也知道，外语绝对可以成为 β 型阅读的教材。我认为，我们通过与外语的战斗，可以得到更高层次的阅读训练效果。

更何况在近代的日本，阅读欧美文献最为紧急、重要性最高。不了解外国事物的人就很难跟别人沟通，在任何情况下，外国人的说法在日本也都说得通。可以说在明治时期以后的日本，最大的古典就是外文。

正因为如此，古典的影子愈来愈淡薄了。毫无疑问，外语的价值就是其中蕴涵的"思想"，也是人们目光的焦点。由于阅读时只是一味留意到底写了什么事物，从外文这种"古典"里，好像无法产生素读的功效，因为读者并没有读语言，只想汲取其中的思想。虽然我们也知道：远离语言，焉能得到思想？但是，已经没有多余的时间可以停下来考虑这个问题了。

我想这也是为什么日本的英学（以英语为研究对象的学问——译者）在阅读上不如汉学成果丰富的原因吧！英语的阅读与理解可以帮助人们学习 β 型阅读，此点的确不容置疑。但英语还没有像四书五经一样，经典到让人想用来充当素读的材料。

英文的解释方法

学英语一开始的问题是：生词就是未知。当我读到杉田玄白（1733—1817，江户时代的兰学者，也是医生。

所谓的兰学,就是江户时期通过荷兰文传入的学术、文化、技术的总称——译者)的《兰学事始》时,受到了很大的感动。他为了知道一个荷兰语单词的意思,花费了非常大的苦心。

就算生词都翻译出来了,日本人还是不懂外语,因为外语的文法结构与日文有着根本上的不同。这跟古代日本人学中国的汉文一样,并非首见。当时日本人针对汉文发明了折返点的方法,因此能成功地读取文义。早期我们也想模仿解释汉文的方式,试着采用类似折返点的"训点"(日本人在阅读汉文时,在汉字上方或侧边所加的文字或符号——译者),但因过于复杂,终告失败。后来才有人提出个别处理未知部分的方法,称为英文的解释法,也就是把日本人阅读英文时都不懂的地方挑出来解决的阅读指南。换句话说,把英文看成暗号或符号,再将解读代码的方法编成书。日本人学了一千年的汉学也没想到如此做吧?依据这种方式,日本人对英文的理解就更进一步,就像登超级难爬的高山,必须有一支强韧的手杖,如此一来才能靠英语学好 β 型阅读。

"英文的解释法"于明治时代中期就完成了,常年以来成为应试者必备的参考书,但也因此蒙受价值贬低的不公平待遇。我认为英文的解释法,可以说是日本近代文化的重要成果。

如果我们承认外语能够提高我们的解读能力，让我们的思路更敏锐，就更不该忘记英文的解释法。

就这样，外语也变成了锻炼 β 型阅读的道场，阅读没有呈现出感觉、无法完全理解的翻译文章，其实颇具成效。

消失的 β 型阅读

明治时代的日本，一方面把汉字当成古典语言，脚踏实地地学习；另一方面，也面对当时被社会承认的外文中未知的挑战。从 β 型阅读的角度来看，再也没有比这个时期更好的时代了。明治时代硬派的基础言论非常兴盛，也存在着人数不多却能强烈支持汉学的知识分子，当时的社会能充满知识的活力，绝非偶然。

之后的一百年，汉学稳居日本国民教养的上座，外文因为以解释英文为主的翻译阅读受到批评，也开始引进新的学习方法。新方法以实用为主，比较注重 α 型阅读。近代语（明治、大正时期的日语称为近代语，有别于之前的古代语和之后的现代语——译者）的教授主张不应该像学习汉文一样，我认为这是正确的说法。在尊重科学的时代，就算有人认为用英文的解释法进行解读的方式过时落伍了，我们也绝对不该加以指责。

但我们还是无法否定，以会话为主的语言学，导致了 β 型阅读无法开展这项事实。日本战后实施的外语教育，虽然在培养稍微懂得英语会话的日本人这方面较为成功，代价却是丧失了 β 型阅读的练习场。

汉学既废，英学也接近灭亡。有人因此怀疑，在明治、大正（1912—1926）的日本近代时期，推动日本进步的两个车轮，是否同时丧失了呢？

因此，我不得不告知读者，以阅读未知为主的 β 型阅读已面临危机，我的目的只是想控制情况，希望别再恶化。

2. 寺田寅彦

制造读书环境

根据国际间的调查,与其他国家相比,日本儿童拥有自己房间的比例高出很多(参考日本青少年研究所的调查)。

菲律宾的比例是39%,伊朗为43%,日本则有67%的儿童拥有自己的学习房间。

过去欧盟委员会(European Commission)总是指日本人居住的房子小到像兔子窝,然而日本人在这种兔子窝里却给了孩子比其他国家的家庭更多的独立空间,这种做法让人很难理解。兔子爸爸、妈妈牺牲自己的地方,帮孩子辟出个别房间,这应该说是令人挥泪感动的亲情吧!

古时候的小孩,除非家庭很富裕,否则根本不可能拥有书房。大多数小孩处于杂居一室的状态，只能在夹杂说话声的地方学习和阅读。那些入耳的话都是很无聊的内容，与在学校学习到的事物差距未免太大了。

我想未曾因这种落差感到烦恼的小孩，可能还没有踏出学习的步伐。

据说有小学生带着书本躲进仓库里，没有仓库可躲的小学生，则躲进置物柜里读书，目的就是拒绝受周遭环境影响。如果身陷在现实环境中则会产生大麻烦，所以无论如何也要设法从现实逃脱出来，不逃出来很难做到忘我地用功。相对地，孩子们心中也很清楚，脱离周遭的干扰是能够定心念书最有效的方法。

孩子了解，如果生活环境很低俗，就需要跟周围隔绝，避免自己身陷其中。现代家庭的小孩因为有自己的房间，可能不会有这种烦恼。在那个无法如此奢侈的时代，孩子会很想在家中腾出一个别人看不到、完全属于自己的空间，这也是当时拥有这种欲望的青少年的体悟。在自己与周遭之间拉起一道看不到的帘幕，试图从现实的生活中脱离，这是在制造读书的环境，也是在开辟通往未知世界的入口。通过书的力量摆脱日常生活的影响，提升自己的思维。

若要做到这样，阅读远离尘嚣的书籍是最具效果的方式。那种纪录每日所见所闻的书籍，对制造知识性的环境并无助益。需要理解的哲学、文学书，能让孩子在书中拥有属于自己的世界。

有趣的是，我们不能断言，过去的贫穷学子情况一定比现代那些拥有体面的个人房间、悠闲度过个人时间的学生惨淡。他们很早就领悟出打开心灵之门的方法，也就是说，他们了解不能长此下去，"如果不能飞得更远，就不能提升到更高"的心情在后头鞭策他们。当时的年轻人也觉悟到一定会遇到困难，然而克服困难之后，会让人感到很骄傲。

所谓阅读未知的β型阅读便不需要特别教导，自己自然就学会了。

富裕让人不再"努力"

现代的家庭都非常热衷教育，孩子还没要求的东西就一个接一个地给他们。比起古时候，现代的父母本身也具有较多的知识，然而孩子们稍微碰到不愉快的事，就把自己关进像城堡的房间里，连父母也不能进去。

我怀疑，现代的孩子不像以往那样在读书上展现求知欲，应该是年轻人的物质生活太富裕的缘故。人类是劳则思、逸则淫的动物。

在β型阅读中，若遇到太难解读的东西会很难过，因此没有相当的求知欲望很难成功。走出家庭、走入社会，那些在学校里好像学过不少β型阅读的人，过去的经验仿佛变成遥不可及的梦，只知道忘我地从事通俗的α型阅读，甚至沉迷到没东西读就感到寂寞的程度。

当工作上遭逢失败时，才知道α型阅读对我们没有助益。于是，有人开始想要阅读宗教、哲学或者心理学这些属于β型阅读的书籍，我想他们是想通过这些书，为自己寻找出路吧！

其实太幸福的人，很难参透读书的深奥意境。

教科书上的寺田寅彦

请容我在此陈述个人的经验。

我是在乡间旧制度下的中学受教育。在这个无论教育或文化气氛都极冷清的学校，绝对嗅不出浓厚的知识气息。过去很长一段时间，我认为这是我人生当中的不幸遭遇。那时我想，如果出生在稍微关心文化教育的地方，在风气更好一点的学校就读多好？当时也做了一些对自己无益的想象。

但是就像前面提到的,我后来修正了自己的想法,在这种物质缺乏的环境中成长,对我而言或许才是最幸运的。

那时周遭没有像样的书,想读书时只能找类似教科书的书籍。在我幼小的心灵中也隐约感觉到,我只能靠这些来提升自己。后来我曾听闻过这样的说法,只要是通过教科书来阅读,无论多好的作品也会变成垃圾。这让我感到非常不可思议,因为我的确从这些教科书里读到了很多感人的内容啊!

初中三年级读国语教科书时,我读了寺田寅彦(1878—1935,物理学家、散文家与吟游诗人,笔名吉村冬彦——译者)的文章,主题为"科学家与头脑"。

要当科学家,"头脑"不好是不行的,这是一般人口中的命题。就某种定义而言,这是正确的说法。但是也有另一种说法是,"科学家"的头脑不够差是不行的。就某些不同的定义来看,这也算正确的命题。只是针对后面的命题,时人所提出的批评或解说比较少。

换句话形容,头脑好的人有如脚程快的人,别人还没到的地方往往被他抢先到达,但是相对地,因为行动快，有时候没看到途中有条岔路，便遗漏了非常重要的东西。头脑不好就有如脚程慢的人，因为一直落在人后，不知怎么地，就捡到了重要的宝物。

读到如上所述的这篇文章，我受到了前所未有的冲击。当然这并非一看完就完全理解内容，反而是几乎读不懂。若只从字面上的反面说法理解的话，可能会误会头脑不好竟然是很难得的好事，于是顺着对自己有利的方向做了很浅显的解释，大意是说，我的头脑虽然不怎么好，也无需因此放弃自己。

未知的世界

读过无数次之后，大致的内容都记在脑海里了，自此之后又过了两三年，渐渐地我开始理解寺田寅彦的思考方法，套句日本谚语："让人惊讶到眼珠子掉出来。"不过别人是一次掉下来，我则是先松了一点点，之后突然注意到时，已经整个掉下来。因为阅读寅彦的书，我才有"时间到了自然懂"的想法。

在那之前，我一直认定语言可以带来各式各样的知识，对很多事情有助益。原因之一或许是我小学六年级的时候，曾经受重伤住院超过一个月，在这段期间，我把《少年年鉴》每个章节都读遍了，受到很大影响。

现在想起来，我之所以埋头阅读《少年年鉴》，除了一扫住院的不安心理，也基于自己感觉这样下去不行，应该"学习"点东西的心情。当时我曾考虑到，不该阅读这种都是数字的东西，应该读点像样的书才行。但是在那种行动不自由的情境下，也无计可施。直到中学，我还为阅读此书，增加这样的知识而感到开心。

然而阅读了寅彦的"科学家与头脑"之后，宛如学到完全不同世界的东西。我开始一点一滴理解通过词语考虑事物是多么殊胜的事。所谓的未知世界，不一定能由事物、场所、知识等去理解。我开始想，新的思考本身不就是多彩多姿的未知世界吗？

花了许多年我才理解到这一点点东西，然后我开始考虑阅读寺田寅彦全集，随后也完成阅读。我的 β 型阅读是利用国语教科书扎下根基，即使现在我还是认为，这件事真是我的幸福敲门砖。

如果当初没有很勉强地读教科书，我怀疑自己到底能否认识寺田寅彦？不过，我可以确定的是，我绝对不可能在很早的时候就理解他的思想。

3. 用耳阅读

就读初中时，国语课的老师经常命令我们背诵文章。例如《平家物语》，现在我还记得："祇园精舍钟声响，诉说世事本无常；娑罗双树花失色，盛者转衰如沧桑。骄奢淫逸不长久，恰如春夜梦一场；强梁霸道终覆灭，好似风中尘土扬。远考异国史实，秦有赵高，汉有王莽，梁有朱异，唐有安禄山，皆因不遵先王法度，穷奢极欲，不听贤者之谏劝，不领悟天下将乱之征兆，无视民间之疾苦，所以很快就灭亡了。"（十三世纪日本的军事纪录，作者不详，主要叙述源氏与平氏的政权争夺战争，被喻为日本的《伊理亚德》，全书分为一百九十二节，此为第一卷第一节中的内容，此段译文引自文学家周作人的作品——译者）

这段至今我仍然能背诵,还有第二卷的"烽火的传言"一节里的重盛谏言。

悲哉!因为父亲无法尽人臣之忠诚,一刻也无法忘却高过须弥山的父恩。痛哉!因为您我已经成为叛逆不忠的臣子,进退两难。(此为译者的译文)

当时如此的背诵,好像是人之常情。

我的父亲只是个普通的工薪族,他也能背诵这段文章。主要是因为学校命令学生背诵,认为这样才能成为真正的大人。我的父亲很喜欢《太平记》(日本古典文学之一,描写1318—1368年之间日本南北朝时期的军事历史故事,共四十卷)的故事,经常举俊基朝臣再下关东的例子:

……踏落花之雪而迷,赏岚山之秋幕,衣红叶之锦而归,如此风情所在处,纵然一夜旅宿,尚且难舍恩爱之契,心念故乡妻子。回首眺望常年住惯之九重帝都,今或永别矣。朝臣路上不测之旅,心内哀戚。歇马逢坂关,忧愁难驻。汲其清水而湿袖,而后越出山路到打出滨……

父亲经常在口中吟诵。当我在初中的课本上,看到孩提时代就听惯的这段故事,心中尽是怀念。当老师说这段要背诵时,我记得自己还非常开心。这些都是大人们记得的文章,我们当然要背诵,也没有人提出不平。

完全背诵

即使到现在,还是有很多学生或家长指责现行的教育是填鸭式教育。我想,只要社会上不认为"能记得古典的文章、朗朗上口"是件好事,我们的教育就只能教导没有意义的东西。最近的孩子们虽然对棒球击打率、流行歌、广告歌曲耳熟能详,熟悉《平家物语》《太平记》的人却寥寥可数。其实在我们的时代,孩子们能背诵的古典文章,数量就已经比当时的大人少很多了。

"在学校学习,理解意思之后才开始背诵",听起来很合理,但是我认为先全部暗诵比较好。勉强去理解文字或语句的意思,会让人感到很麻烦。就这点而言,完全背诵的素读的确是个好方法。

汉文里有背诵,英语教学也让学生背诵,有一次我阅读到一位女评论家的文章,她提到小时候就读的教会学校让学生默记丁尼生(Alfred Tennyson, 1809—1892,

1850年获得桂冠诗人称号——译者）的长诗《悼念集》（*In Memoriam*），她现在还能背诵此诗。这首诗不短，尽管她不可能全部背出来，但还是可以背诵出几十行的诗文。在我读初中的时期，学校已经不再让学生背诵这种英文古典作品，改成让我们背难懂的文法。但是无论如何，还是有很多时候需要采用背诵的方法。

用耳书写，用耳阅读

当我阅读英国的世界级哲学家罗素（Bertrand Russell，1872—1970，英国哲学、数学与逻辑学家，1950年获得诺贝尔文学奖，1921年曾经到中国大陆讲学——译者）的自传时发现一句有趣的说辞："用耳朵读到的……"为何用耳朵读呢？因为有人替他念，他就这么听着，因此称自己"用耳朵读"。

阅读者就是他的夫人。由于他的夫人非常喜爱抽烟，每当她抽烟时就暂时中断，罗素只好等她。值得注意的是，罗素说自从他用耳朵阅读之后，文章写得更好。罗素本来就是作家，文笔却因此更上层楼，他晚年的文章大都是清澈沉稳的名文。

这让我回想到初中时期，老师让我们背诵文章时，"用眼睛看着文字阅读不是很好吧？"我的心中也曾经产生这种想法。

同时我也想起《平家物语》，整篇故事铺陈得好极了，作者一定是个头脑很好的人。那么多复杂的事件混杂编写在一起，竟然没有一丝杂乱的感觉，井然有序，每段故事都串接得很好，文章的脉络也很容易记忆。

因此我想作者也是用耳朵写作的吧！现在的版本是经过琵琶法师（平安时代以后出现的盲僧，也是街头艺人。镰仓时代以琵琶伴奏弹唱《平家物语》，称为平曲——译者）的演绎之后而成形。可以想象，如果用耳朵听，应该会呈现出更高超的表现，至于是否在最早的时候，整个故事内容就是现在的完整版本，至今仍是疑问。

要做到用耳朵写、用耳朵读，原则上需要高度熟练的技巧。想到这点，再回首从前，发现自己也有用耳朵阅读的经验呢！

用耳朵读的佛经

或许现代人无法想象，我们小时候住的农村，每个家庭都有做"晚课"。每到黄昏看不清人脸的时候，每间屋子就传出木鱼的声音，走近时也能听到诵经的声音。就这样一边听经，一边想"不早点回家会挨骂"，赶回家中。

我们家族的墓设置在净土宗西山深草派的寺庙里。每天早晚诵经是不可或缺的功课。因为父亲总是迟归，母亲就代替他坐在佛坛前面，孩子们正襟危坐在两侧。佛坛的房间不开灯，只点蜡烛。如果用这种灯光做别的事，经验告诉我们只会让眼睛受不了，因此孩子们只能很好奇地朝佛坛眺望。

母亲翻开经书，从以下这段开始诵念："愿我身净如香炉，愿我心如智慧火。念念焚烧戒定香，供养十方三世佛。"下面这一段经文引起我的兴趣："我昔所造诸恶业，皆由无始贪瞋痴，从身语意之所生，一切我今皆忏悔。"当念到"皆由无始贪瞋痴，从身语意……"时，心情就无由地变得非常好。

母亲因为已经熟记内容，所以连经书也没有打开。听母亲诵经就如听音乐，听经变成很开心的事。

初中以后，因为开始用音读的方式读经，对以前用耳朵读的佛经文字，开始感觉充满兴趣。

"愿我身净如香炉（愿我的身体干净如香炉），愿我心如智慧火（愿我的心如智慧之火），念念焚烧戒定香（念经的时候焚烧代表"戒"与"定"的香），供养十方三世佛（供养十方三世的佛菩萨）。我昔所造诸恶业（我们以前所造的所有恶业），皆由无始贪瞋痴（皆由无量劫以来累积的贪瞋痴所造成），从身语意之所生（从身、语、意生出来的业），一切我今皆忏悔（一切我现在都要忏悔）。"

这些经文文字的"音"我都认识，却听了十年才开始了解经文的意思，实为新鲜的事。试着这样做以后，我理得不承认佛教经典具有出乎意料的影响力，在我幼小的心灵里，慢慢地教导我认识巨大的未知。

宗教与阅读未知

日后我会在并不了解的情况下被外文吸引，回溯根本的原因，可能是因为我曾经学会用耳朵听经吧！

没有学到汉文的素读，那是时代的问题，我只能放弃，虽然感到十分可惜。但是，当我发现每天听诵经和汉文的素读也很接近时，便感到莫名地高兴，至少我学会了用耳朵阅读。读到罗素的自传能如此感动，多少也是因为有着相同的经验吧！我读到罗素不断重复阅读《圣经》时非常感动，也是基于同样的理由。因为完全不懂经文的意思，感到很神秘，这样反而最好。

曾有一次在每天进行的晚课诵读《一枚起请文》（为

日本佛教高僧法然上人，即元祖大师圆寂之前写的遗言——译者），当时是由母亲诵读，孩子们在旁边和音。

  非中国、日本诸智者所言观念之念佛，亦非学文悟念心之念佛，为往生极乐，唯称念南无阿弥陀佛而无疑，思"决定往生"而称念之外，无别事也。但，所谓三心四修者，皆含于"称南无阿弥陀佛，决定往生"之想念中。此外若存深奥，则外于二尊之怜悯，漏于本愿。欲信念佛之人，纵使能学一代之法，亦成一文不知、愚钝之身，如同无智之辈，勿现智者之相，唯一向念佛。

  虽然只有这样的篇幅，但是，到我懂得感激过去能够通过素读阅读到这些文章，中间竟然需要几十年的时间。

  我因此怀疑，要学会未知的阅读，最有效的方法难道非得靠宗教不可吗？

4. 古典式

禅宗公案

不管读什么，都想一读就懂，这是习惯 α 型阅读的人很容易陷入的误解。

真正能获得高评价的阅读，应该是第一次读的时候不是很理解，或者根本不理解。不断重复阅读，做到读书百遍，一定得耗费时间，但是何时能理解却没有保证，这就是所谓的 β 型阅读。而且，不能因为不懂就要求别人教你，必须运用自己的力量去领悟。

古代禅宗的公案，正好可以呈现 β 型阅读的极致。

所谓的公案就是一种帮助参禅者领悟真理的手段，由指导者提出问题，解答的难易度会根据思维方式的不同而定。因此，既得的知识就无法被拿来当成公案，因为公案是用亲身的体悟去理解完全的未知。

以建筑江户城闻名的太田道灌可以说是文武双全的名将，某段时期经常造访禅宗名僧，向法师求教。

有位隐居在川越（位于日本埼玉县西南方——译者）的小庙里的禅僧名叫云岗，有一天碰到在猎鹰的道灌。云岗给道灌以下的公案：

　　感觉像自己已经死过一次，已经放弃一切的人，在未知的因缘下再活过来的话，会变成怎样？

虽然日日夜夜都在费心思索这个问题，道灌还是想不透，就这样他跑进小田原市的最乘寺去修行，更加费心地持续思考这个问题。有一天早晨，上完厕所想要站起来，脚麻痹了，所以向后倒了。就在刹那间，长久以来试图解开的大问题忽然如融冰般地化解了。（有关道灌这则故事摘自松浦英文所著的《达摩入门》。）

要解读完全未知的事物，就得付出这种程度的努力，过去汇聚的知识对解读未知并没有帮助。如果用思考能力去解决问题有一定困难，将谜题与疑问放下恢复平常生活时，可能就会出现答案的线索。问题与暗示就像高压电从一方流向另一方，突然发出闪光与放电，开悟就这样达成。

需要时间

靠所谓的教学,终究达不到这种理解。类似这种无法教授的教学,由中国的禅僧流传下来的实例相当多。

在中国唐朝时代,沩山灵祐禅师(俗姓赵,谥号大圆禅师,771—853,为沩仰宗的开创者)有位弟子香严智闲,本来两人都在百丈禅师的门下,百丈禅师亡故之后,香严成为大师兄的弟子。有一天沩山问香严:

"你还在母亲的肚子里没生出来之前,连西方、东方皆无法分辨时,你是什么样子呢?用句话形容看看。"

虽然香严贵为秀才,拥有非常多的知识,却没有办法回答这个问题,于是要求沩山教他。沩山告诉他说,我想到的答案是我的见解,对你并没帮助,而拒绝说出答案。

香严放弃跟随老师学习,到南阳结庐修行。有一天在山中清扫,不经意将瓦砾投进竹林,碰到竹子发出清脆的声响。这个声音让香严豁然开悟。(关于香严的故事,摘自纪野一义的著作《禅》。)

想得到正确的解释、解决之道,就要充分重视时间的影响力。如果当下就能理解,时间就无法产生作用,但是当下无法理解的事物,就可能需要时间。时间可以增加力量,读不懂的文章就一直读,在这当中时间就会产生作用。随着时间改变，未知的对象与想理解的人都会一点一滴地改变，最后就可能达到彼此能沟通的境界。由领悟公案答案的过程就可以了解到这点。

成为古典或走向风化

现代人总是希望用合理的方式思考事物。至于自己是否理解，一般人总是轻易就认定，用思考与知识的角度就能够判断，不想去考虑与个人能力无关的"时间"。但是，我们无法忽略，时间有时也能帮我们解决问题。

时间的洗礼，不是让阅读对象走向古典化就是风化。有时随着时间累积，软弱部分就会开始腐蚀、风化，相对坚固的部分就变成结晶留下来。

假如风化的作用胜过古典化，最后就会消失。相反地，如果变成古典的作用力较强，胜过风化，就会获得新的生命，变成典型的、古典的事物。

如果在你从事读书百遍的行动时，风化的作用比变成典型的作用强，你就会逐渐失去兴趣，无法有耐心地反复阅读。如果能耐心地读，书中精华的部分就会不断崭露出来，成为一本好书。换句话说，这本书对你而言，就逐渐蜕变成一本古典书籍了。

所谓的 β 型阅读，其实就是一种朝古典迈进的阅读，结果不一定符合文章作者写作的意图。如果阅读者全神贯注地阅读，所得到的感觉与作者的思维刚好一样，只能说是例外的情况吧！

读书，就是挖掘新事物的意思。我们也可以认定，开悟其实跟阅读也有类似的地方。解公案的行动万人皆同，结果却因人而异。因此，有必要花费长久的时间用心等待。

花费时间的 β 型读者

就我个人而言，β 型读者一定得花费时间，我想社会上多数的 β 型读者也会认同我的想法。

例如有一个新的天才诗人诞生了。他的作品对一般人，甚至对传统上认定的文学评论家而言，潜藏着许多的未知。即使想用 α 型阅读，也很难理解。他的作品如果因此被世间的评论者断言为极差的作品，遭到残酷的批评，我想天才难免也会受到严重的伤害。

国内外文学史上不乏这样的实例，但是好的作品也不会永久被埋没，一段时间之后，有些"新的"特色就会被理解，后世才登上古典宝座的作品也很多。

读书百遍，其义自见，这种情况的确存在。同样的，就社会的角度来看，读书百遍，只要肯花时间去读，就能显现出真正的价值。被 α 型阅读的读者误会成烂作品的东西，也会变成古典，只是需要一点时间。

针对 β 型阅读，可能需要经过数十年，才能达到读懂未知的效果。

一般而言，除了在这数十年流逝的时间里等待，别无他法。如果一定得经过时间的流逝才能让古典诞生，有时候为了做好 β 型阅读，或许我们只好成为默默无言的读者吧！

"等候百年之后的知己"

即使是作者本身，也不了解自己的作品最终的样子，因为他不了解读者会采用何种方式来阅读。但是优秀的作者知道如何写出不迎合时下读者的作品。同时代的读者对很多事物会产生"那是既知"的感觉，然后就会采用简单易懂的 α 型阅读。

α 型阅读的终极形态就是没有读懂。或许理由是作者本身也无法确定自己的意思，β 型读者刚好让这问题呈现出来。或者说，与此并行的另一项作用就是"时间"。

所谓"等候百年之后的知己",是指作者最期待的,并不是当下那些用常识判断、抱着想在古物堆里发掘宝物心情的读者读到自己的文章,而是让"能舍弃先入为主的观念,用崭新的目光找到新发现的人"阅读自己的文章。要做到这样,就需要时间,不等待是行不通的。

并非靠每一个人的百遍阅读,而是期待由社会全体不断重复阅读,经过无数岁月才达到"读书百遍,其义自见"的境地。作者才会把这种觉悟放在"等候百年之后的知己"这句话里。

参禅的人想要解公案,事实上是在漫长的时间里不断思考,才能体悟出答案。

通过时间的积淀,有价值的东西就变成古典。没有价值的东西,自然被忘却,而走向毁灭。

α 型阅读很难和古典产生关联。必须是经过不断重复、花费时间的阅读方式,且内容为让人想继续重复读的东西,才能成为古典。即使有些看起来不像能成为古典的文章,经历长时间的 β 阅读后如果还能存在,至少对当事人而言,就是很伟大的古典文章。

5. 阅读与创造

正确的意思靠"发现"

长期以来,我们都迷信所谓"正解"的神话,即指文章只有一个正确的意思。再者,这个正解也是作者、笔者放在文章里的意思。如果同时有很多解释,也会优先采纳作者的想法,采取唯作者是对的思考方式。我想这恐怕是现代教育在不知不觉间培育出来的思考方法。

因此,我们的阅读其实是相当歪曲的,只是无人留意。只要于开始时采用既知的阅读方法,就不会去思考什么才是正确的阅读方式,读起来轻松愉快。

但是在阅读未知时,根本不可能逃避寻求正确解答。读者就是以此为阅读的目的。

我们无法保证,就文章的意思而言,只有作者的想法才最正确。这项理解也是当我们认真思考阅读时遇到的非常重要的问题。所谓正确的意思,并非原来就存在,而是在阅读中"发现"的。也有很多情况显示,在某个时间点是正确的东西,换成另外的时间点,就不再是正确的了。笔者的意图也算是其中一种意思,但是并非绝对的或唯一的意思。不只是这样,有时读者也可以发现更好的解释。

英国的诗人艾略特(Thomas Stearns Eliot,1888—1965,诗人、评论家与剧作家——译者)也是英国非常优秀的评论家。他在晚年对读者的解释提出新的思考,即接受未知读者提出对作品的想法,通过这些想法,也可以获得不少以前不曾留意到的文义。

作者能从读者身上学到东西?年轻的诗人或评论家应该很难接受这种想法吧!但作者绝对不是万能的,文学或文章可以呈现很多趣味,对作者而言,自己的作品也还有未知存在。

至于解释这件事,姑且不论几乎没有问题的既知阅读,阅读未知的事物时,想要准确无误地读出作者意图表达的意思,在思考时就会遇到困难。

作者与读者的语境

作者与读者对文章的解释，经常是不一致的，事实也应该是如此。因为每个人都生活在各自的世界里，因为文章产生关系，我们不妨称各自的世界为各自的语境。

不论作者背负的语境与读者拥有的多么接近，两者必定不同。假如有两个人竟然拥有完全一样的语境，夸张地说，我想其中一个一定不是人。

如果语境不一样，那么针对同样的文章，当然就会产生不同的解释，因为解释意思时，不能离开个人的脉络。

作者在其文章中置入的意思，和读者从阅读文章所得到的意思，多少有点不同。概念上，如果想要得到完全一致的意思，可能会因此产生空虚不实际的思维。

作者与读者的文章语境差距，还有一种更强烈的形式表现，就是添加与删除。意思是说，第三者（也就是删改者）的解释往往比作者更具优势。站在删改者立场的读者，有时会在作者的作品当中，导入作者没有考虑到的语境，为文章制造新的意思。

删改者对原来的文章而言，可以说是破坏型的读者。但若因此能发现更好的新意，就可以变成创造型的读者。

删改的行为是以 β 型阅读作为基础，有时候也免不了产生误解。即使如此,部分阅读行为到目前为止还是会出现删改,而删改也是产生优异作品的因素之一。

推敲也能成古典

删改是针对他人作品的行为,相对地,推敲则是针对自己作品的行为。首次构想中出现的文章脉络,与推敲时的语境并不相同,开始执笔写作一段时间之后,中间的语境就会有所改变,如果不是出现相当大的改变,推敲就没什么意义。"让风吹进来"这句话经过长时间的修正,语境也跟着改变,因此能做出好的推敲。

美国的作家海明威每次完成作品之后就把作品锁在银行的保险箱里,过了相当长的时间才拿出来,用不同的心情与角度重新阅读。经过反复的修改、添加之后才让作品问世。这是作者本身也遵行读书百遍的实例。

刚完成的初稿,可能具有强烈特殊性,推敲的动作就是让语境更具普遍性,是一种修饰的动作。换句话说,作者也可以用自己的手让文章变成古典,然而也有最初的构想最好,推敲之后反而毁了作品的情况。

在日本的诗歌(俳句或短歌)等文学中,推敲显得特别重要,因为陈述的内容对文字之外的语境依赖非常大。

只是删改给人的印象有点老派。例如俳句、短歌就有删改，但是小说几乎没有。我想，理由不只是这样吧！擅自改变他人写的东西，不论由著作权的角度或保障自由创作的观点来看，都会引发不愉快。

即使如此，我想删改有时的确是可以让作品表现得更优异的手法。

读者的删改

最引人注目的例子就是本节开头提到过的诗人艾略特与他的有名作品《荒原》(The Waste Land)。1922年出版的这篇诗作，是二十世纪最有名的英文诗，也是很早就成为古典的作品。

但是广为世人所知的《荒原》并非作者的初稿，也不是推敲出来的作品，而是经过美国的奇才庞德（Ezra Pound，1885—1972，美国著名诗人、文学家、意象主义诗歌的代表人物——译者）大幅删改之后的成果。世间很早就知道这是经过庞德删改的作品，艾略特自己则表示，原稿已经遗失。

艾略特辞世之后不久，初稿就出现了。他的美国银行家朋友逝世时，后人在他生前为艾略特保管的文书中发现了诗稿。到底原稿是如何被删除和修改的？由现在已经出现原稿的复制版本，可以进行阅读和比较。《荒原》告诉我们，近代欧美也有删改的做法，而且是借删改产生更优异作品的实例。

一般的读者不会对作品做删改，却会无意识地一边删改一边阅读。用符合自己语境的方式阅读，这也是一种无形的删改。

许多读者就在不断重复这种阅读方式的过程中，一点一滴将作品的特殊性变成普遍性，让作品变成古典。

反过来看，所谓古典化其实就是摆脱作者意图传达的意思。无论任何作品，如果只能传达作者所想的内容，很难变成古典，而能改变内容意思的就是读者。

为了阅读未知，读者不可避免地会用自己的脉络去解释。如果他的脉络是不稳定、随意引用的东西，"删改"后也不会有结果。如果读者用的是稳定且能普遍通行的脉络从事 β 型阅读，就能够赋予作品新的生命。

读者是有别于作者的创造者。所有的 β 型阅读，都可能在现有的作品里加入某些新的意思，让作品重生，也就是说，β 型阅读并非被动的阅读行为。

读者制造古典

在此试着想想《格列佛游记》(*Gulliver's Travels*,英国作家斯威夫特的作品,1726年出版)这本书。

最早这是一本讽刺十八世纪英国政治界的政治文学作品,出现在书中的主角人物如巨人、小人和其他人物,都有既有的人物范本。那个时代的人都把这本书当讽刺作品在阅读。

但是到了下一个时代,读者的语境有了很大的差异,因为他们不了解作者所处时代的政治状况,就无法认为这是讽刺的作品。于是读者的创造式阅读开始产生作用,依照字面阅读的读者不认为那是讽刺,而后此作品被逐渐定型成一个不可思议的幻想故事,最终竟然变成儿童读物。不知道作者斯威夫特若知此事,会有何反应?

这也是由读者创造古典的实例之一,《格列佛游记》绝对不是唯一的案例。原来属于历史纪录的东西,到了后世却成了文学作品;本来以日记形式写作的东西,后来演变成文学作品,拥有众多的读者。这种实例也不少。

作者写作的意图与读者读到的意思,经常是不一致的,这也是读者具有创造力的表征,在不一致中产生古典的特质。因此,我们看不到由作者的思考直接化为古典的作品。

阅读未知的读者，不断在误解与理解之间穿梭前行，如果没有可以仰仗的语境，就只能依靠自己的语境。因此，阅读未知，有时会变成在阅读自己。这个自己并非小小的自我，而是在加强本身伟大的人格时，能让万人承认的"发现"。古典就是这些发现的结晶。

作者生出作品，读者创造古典。阅读绝对具有创造力，凡是不能晋升为古典的东西，就会消失。

6. 认知与洞察

发现的可能性

有时候我发现，完全无法理解的难读文章，在反复阅读之后，虽然还没有真正理解，但在心情上会觉得文章变得容易多了。所谓的素读型阅读，并非用头脑理解，而是用身体去理解。

与此成对比的是所谓的闪电型理解。过去完全无法产生概念的书，或因毫无趣味可言而舍弃掉的文章，突然有一天想到了它，于是再读一次看看，还是不懂，便又舍弃了。又过了一段时间，在快要遗忘之时，再度提起一点注意力，遂决心再挑战一次。

结果如何？到了这里，仿佛一直在雾中怎么也看不清楚的风景，突然变得豁然开朗，这下不是可以清晰望见了吗？屏息阅读，也是一种方式。

　　让我们思考阅读的不可思议力量，为何原来不懂的事物，能通过阅读去理解？

　　我认为，理由还是跟人类学会使用语言有关。我们的语言里有两项内容，一是理解已知的事物，并从事一些表现的活动。

　　例如，认识"猫"这种动物与理解"猫"这个词语的人，看到一只猫走过来时会说"有猫"，有些人听到这句话时，可以了解现场有猫存在。这是理解已经认识的事物。头脑中已经有"猫"这个词语和与猫有关的信息，当给他新的"猫"的词语，就会拿来比照头脑中的信息，如果符合就是做到"理解"了。

　　日常生活中的语言大都根据我们对既知事物的分辨和认知，把已经学到的词语作为处理新信息的工具。如果听到的是已知的词语，就比较容易进行信息的整合。

　　情况如果改成阅读，也就是本书提到的 α 型阅读。能够读懂自己看过的棒球比赛新闻，主要是因为执行再认知时，内容和经验达到了几乎完全符合的程度。

　　但是理解"有猫"的文章，就无法达到像棒球比赛般的再认知与符合程度。因为作者的"猫"与读者的"猫"，与方才提到的棒球比赛不同，不是同一项事物。即使如此，读者还是可以达到与棒球比赛接近的确认。如果经过严密考量就会发现，其实我们再认知时已经有点超越尺度，把不同的"猫"，判断成相同的事物，但日常生活中这样的做法并没有问题，也没有人注意到，这可以说是语言所具有的基本特质。

创　造

　　语言的另一种活动就是创造。先前提到的是学习、模仿、再认知，也是理解和使用未知词语的活动。

　　无论我们学到多少词语，还是无法完全理解所有的文章。最后我们只能运用有限的知识去对应无限的、各式各样的词语。

　　这种现象最常发生在正在学习语言的幼儿身上。只知道一点点的词汇，却想要理解包含好多不认识事物的词语，非要进行创造不可。

　　由既知类推未知，主要是通过比喻的功能。孩子们的比喻能力很强，就是因为如此。随着所学到知识的增加，就渐渐不需要用到比喻的手法。换句话说，孩提时期比较像诗人，长大以后变成散文家。

　　其实我们也一样，为了理解未知的词语，也会运用比喻的方法去达到发现的效果。这就是为何我们可以通过有限的词语，设法理解高超的文章的原因。

本书里称为 β 型的阅读方式，其实就是这种以语言创造机能为基础的阅读而已。训练 β 型阅读尽可能要从小时候开始，理由跟人类幼儿期的创造性语言活动最强烈有关。由此推断，过去的人勇于强迫幼儿学习汉文的素读，或许并非草率、粗暴的行为，而是合理的做法。

β 型阅读的内容并非既知的东西，无法用 α 型阅读所使用的再认识、认知的方法去理解，需要用分辨力、洞察力、想象力才能解释。

例如用到洞察力时，古人常用"目光贯穿过纸背""阅读字里行间"来形容。也就是说光看文字很难理解，必须发现作者的言外之意才行。自古以来日本人就采用这种"字里行间"的阅读法捕捉作者的真意。这些也都算是 β 型阅读的方法。

陷　阱

这种"字里行间"的阅读，大致上也可以分成两个方向。一是个性，另一个是古典。

假设有一篇读不懂的文章，在阅读"字里行间"不断思考的同时，读者关心的焦点自然就由作者的思想转移到作者个人。即使面对的是真实的传记内容，依旧是属于个性的阅读。读者通过文字，对作者个人产生兴趣。虽然传记要求的是事实，有时闲话式的知识也有参考价值。

如果读者因此对作者的感觉更亲近，就能够阅读有关作者的传记文章。阅读时会产生感情的转移作用，有时因为移情作用而感觉到自己能理解，或产生感动的意识。文学作品当中有不少感动就是通过理解作者、关心人类的个性而产生。

有人阅读有关哲学、科学等比较困难的传记时，会感到非常无趣，这也习惯是把个性阅读当成 β 型阅读的读者最容易踏入的陷阱。影响一般人在学校选择攻读理科或文科的原因，就是能否从事个性的阅读。其实，个性的阅读就是文学青年的阅读方式。

相对地，古典的阅读则是哲学式的阅读。必须从文章的形式往前探索，遇到未知的部分，不是用作者个人的脉络去比照，而是用一般读者的脉络去理解，而且必须反复不断地阅读才能见效。有关作者个人的信息，绝不能阅读二手资料，也必须非常专注研读原文。就算能理解原文以外的意思，也不会往笔者个人的方向分心。

就这样，从事古典阅读的时候，文章与作品也会不断变得更加古典，作品会自己变化成为古典。无法转变成功的就无法流传后世。

古典式阅读的必要

现今的 β 型阅读当中，像这样的古典阅读似乎太少了。特别是在面对文学作品时，很多人总是先移入感情，很难做到 β 型阅读，反而是朝 α 型风化阅读而去。前面也提到，文学作品是由 α 型阅读移向 β 型阅读的桥梁，但未必是理想的工具。作为 β 型阅读的材料，文学作品最严重的缺点就是在作者、作品与读者之间产生的感情移转作用会影响读者，所以读者必须采取更严格的古典式阅读才行。

容易走向感情移入的母语阅读，或许很难达到古典式阅读的要求，也就难以苛责读者必须彻底对原文做未知的阅读。外文受这种因素干扰较少，因此用古典式阅读进行训练时，外文的 β 型阅读也是不可或缺的方法。

个性式的阅读是以移入感情为主的阅读方式，相对于此，古典式阅读却拥有几何学的特质。但是直至今日，文学式的 β 型阅读一直居于主流位置，伴随几何抽象特质的 β 型阅读，即使到现在也还未能普及。

这个问题与教育整体的基础有关，因为较难引起感情移入作用，没有故事性的文章，都被断定为难懂无趣。只要这种观念还存在，除了文学作品之外的阅读将全部不会被人类接受，因为无论怎么读、读多少书，都只能读懂已知的东西，读到未知时只能理解感情移入的部分，其余的都无法理解。在此前提下，要让读书变成了解未知的手段，非常困难。

在本书里，我把阅读区分为 α 型阅读与 β 型阅读。现代教育利用所谓的近代（明治、大正时代）的方法，希望教育学生由 α 型阅读开始，转移到 β 型阅读，但是这种方法适得其反，培养出许多虽然广读群书，却没学会 β 型阅读就走完一生的人。

我们有必要再度检讨自己的读书方法。就此我也要再度强调 β 型阅读的重要性。特别是几何抽象的阅读方法潜藏着能变成"发现"的可能。这种可能性和新知识的世界就联结在一起。

通过一个又一个读者的笔，古典诞生了。为达到这种目标，应该用什么阅读方法？我认为只要是还在从事阅读的人，都必须关心这件事。

终 章

解读《桃太郎》

我想用童话来充当研究实例，解释至今为止所陈述的 β 型阅读。

大家都知道桃太郎的故事，能全部记住并娓娓说出故事的人也不少，当然这些人也认定自己理解这个故事。

然而说故事时，孩子们一定会问："为什么桃子会生出婴儿呢？"恐怕没有人能给出具体的答案吧？"为什么桃太郎的猴子和鸡也会说人话呢？"被问到这个问题，能够明快提出答案的绝非普通人。大部分的人因为不知道答案，只好努力哄骗孩子，甚至有些父母亲会生气地骂孩子："不可以问这种蠢问题！"

这些人就算熟知桃太郎的故事，其实也是通过 α 阅读的了解而已，并不理解内容的真意，只是就文字层面了解故事的脉络情节。

老爷爷上山去砍柴,老婆婆到河边洗衣裳。老婆婆到河边除了洗衣,也为了到河里捡桃子。好多桃子由河流的上游漂下来,老婆婆挑了当中最好的一颗并带回家去。

这颗桃子其实并非水果,而是借指年轻的女性,漂过来的桃子是来自远方的。桃太郎漂流而来并非重点,重点在他是来自别处的桃子。这附近也有很多桃子,但是这些桃子并不理想,只好专程到远处去寻找。

这是因为当地充满体弱的儿童,当地人因此感到困惑,为什么孩子会如此柔弱?经过一再思索,人们找到了答案:不可以迎娶附近的桃子当新娘,就算并非近亲结婚,只要有血缘关系者结婚,生下的孩子大多体弱多病。因此,大家都想迎娶远方的桃子。老婆婆就是为了选新娘才到河边,洗衣服只是附带的工作。

总之,我们不妨这样思考,桃太郎的故事,开头就是在暗示近亲结婚的危险性。要让这样的知识广为流传,除了写成故事别无他法。

当我们还是孩子时,听到从桃子里诞生婴儿这部分,谁都会觉得奇怪。但是为何我们很难提出疑问?因为有些东西很难问出口,虽然我们还是儿童,却已经感觉得到。

再怎么说,桃子中都不可能生出小孩。但如果这里的桃子是指人身上的桃子又另当别论。桃子可以说是人的肚子，在欧洲桃子有腰部（loin）的意思。《圣经》里提到"从腰部（lion）出生的孩子"也到处可见。因此从桃子里诞生出孩子这句话一点也不奇怪，甚至可以说是非常出色的比喻。

就这样，从远方迎娶回来的新娘所生的孩子，无论心理或身体都非常健全。他"脾气温和又孔武有力"，是个出色的人，亦从事着殊胜的工作。最伟大的业绩是协助乱世中的统治者，恢复平稳的秩序。

以前狗、猴、鸡各部族的感情时好时坏，经常处于冲突和争吵之中，不只是领导者难受，下面的部属更痛苦。不过狗、猴、鸡无论如何就是一直无法达成和平协定。

桃太郎努力设法解决这种纷争，这并非容易之事，因为他知道有位大领导曾经试过却徒劳无功。他需要更强大的政治力量才行，而桃太郎也拥有这种力量。

他既不是用力量去压制，亦非以武力镇压，而是进行和平谈判。他考虑到只是出张嘴说话肯定没人听，于是用冈山黍饼（日文原名"吉备团子"——译者）吸引对方。金黄色也许是代表金钱或可以生产冈山黍饼的土地。桃太郎知道如果把三个对手同时叫来召开和平会议，可能无法有结果，于是他先跟狗会谈，确立主从关系，接着用同样方法把猴、鸡也收为部属。跟随相同主人的狗、猴、鸡，就无法像以往一样彼此争战,自然就保持和平。桃太郎用和平手段取得天下,便跟一般的领导人并不一样。

虽然当上大将,桃太郎并未因此流于骄慢或安逸,他开始考虑该如何维持长久的和平。过去喜好争战的狗、猴、鸡,现在在共同首领的领导下工作,它们如果积聚力量,就可以掀起革命,甚至置桃太郎于死地,并取走天下。桃太郎知道部下可能会如此盘算,他不会愚蠢到让人半夜暗算自己。

于是他以讨伐邪恶、犯法的鬼岛为理由,立定新的目标,桃太郎促成狗、猴、鸡等部属的团结,企图加强自己的掌控权。桃太郎非常聪明,从头到尾都是采取正面攻势,他的做法有许多地方值得现代政治家学习吧!就这样,性格温和、身体强壮的桃太郎,为世界、人类完成了许多伟业。

不必说大家都知道,桃太郎的故事真意未必就是这样,也不一定非用这种方式解释这个故事不可。我只是不想因为无可奈何而直接采信某种解释,这个简单的故事里,一定有想要传达的信息,一边想一边采取β型阅读,就可能有所发现。

前面有关桃太郎的解释,是我采用β型阅读得到的一种"意思"。我想恐怕没有人会提出类似上述的解说吧！我本身对此项尝试感到非常有趣。或许这样的解说不能得到其他人的共鸣，但是身为β型阅读者，如果能得到自己认定的意思，就会感到很满足。

采用β型阅读时，容易产生误解和误读。依据每个人不同的个性，十个β型读者会提出十种解说，是正常现象。出现众人一致的解释，才是异常。

β型阅读具有个性，同时也保持自由，不必受到作者意图的限制，读者可以忠于自己的想法和反应，因此也具有创造力。如果说写手、作家是原始的、第一次的创造者，β型阅读者就可以说是第二次的创造者。β型阅读者不只是被动地阅读，他们在阅读当中具有可以产生新思维的喜悦感。

无论写得多详细的文章，对第三者（读者）来说，还是潜藏着许多不清楚、无法理解的地方。这些不理解的地方就是读者的未知。这些未知除了靠读者自行解读，别无他法。读者的解读有时会发展成新的发现，不用说也知道这些发现和作者并没有关联。这种具有创造力的阅读，往往可以补充不清楚的部分，让读者的理解丰富起来。

结果有时也会让作者感到讶异，甚至喜悦，这也可以让β型阅读的妙味发挥到极致。

后 记

最近频频听到这样的说法:"现代人不爱阅读,远离印刷文字。"

到底以什么基准衡量,才确定人们不喜欢阅读的?基本上并没有很明确的标准,然而通过阅读帮助自己成长的人变少却是事实。

但是我也感觉到,如果我们只是大量阅读,把重心放在量的问题上,却不提出妥当的解决方法,忽略潜藏在阅读量背后"质"的问题,将会造成困惑。

这本书想追究的是,什么样的阅读才堪称真正的阅读,以及要锻炼我们的精神,获得真正的新知,应该采用何种阅读方法等问题。

另外,如何区分阅读既知的 α 型阅读,与阅读未知的 β 型阅读,由前者转移到后者与检阅的方式,也为阅读拉出新指标。

这本《阅读整理学》是以《读书的方法》(原文由讲

谈社发行）为本，由筑摩文库重新发行的新书，作者添加序章与终章，其他也有不少部分重新改写。

2007年盛夏　外山滋比右

出版后记

书一直被视为知识的源泉、人类进步的阶梯,但随着信息爆炸时代的来临,人们面对浩如烟海的信息开始应接不暇,"浅显易懂"的文风越来越盛行,很多读者在阅读书籍时开始避重就轻,耽溺于阅读易读的书籍,排斥相对生涩的未知领域,能从阅读中获得新知、获得成长的人已经越来越少。什么样的阅读才是真正的阅读?盲目地读完一本又一本真的比不读书好吗?我们迫切需要思考这些问题,才能在高速运转的信息时代,为阅读找到新的定义。

在本书中,作者将阅读分为两种类型:一种是阅读已知的 α 型阅读,一种是阅读未知的 β 型阅读。作者认为,虽然人们在进行 α 型阅读阅读时更轻松,更容易找到阅读的快感,但 β 型阅读才是能帮助人们打开大脑,收获新知的阅读方法。作者认为,β 型阅读就像徒步登山,即使有缆车,一步一步克服困难、登山山顶的喜悦也无法被代替,就像 α 型阅读即使再盛行,我们也不能忽略 β 型阅读一样。

作者在书中还介绍了一些将 α 型阅读转化为 β 型阅读的方法,让我们在易读书籍泛滥的时代,做勇于挑战困难的读者吧。

服务热线:133-6631-2326　188-1142-1266
读者服务:reader@hinabook.com

后浪出版咨询(北京)有限责任公司
2014年6月

图书在版编目（CIP）数据

阅读整理学 /（日）外山滋比古著；吕美女译.
—北京：北京联合出版公司，2014.6（2016.9重印）
ISBN 978-7-5502-3152-8

Ⅰ.①阅… Ⅱ.①外…②吕… Ⅲ.①学习方法—少儿读物 Ⅳ.①G791-49

中国版本图书馆CIP数据核字（2014）第115521号

"YOMI" NO SEIRIGAKU
by TOYAMA Shigehiko
Originally © 2007 TOYAMA Shigehiko
All rights reserved．
Originally published in Japan by CHIKUMASHOBO LTD.，Tokyo.
Chinese（in simplified character only）translation rights arranged with CHIKUMASHOBO LTD,. Japan through THE SAKAI AGENCY.

本书为日本筑摩书房授权后浪出版咨询（北京）有限责任公司在大陆地区出版发行简体字版本。
本书译文由天下杂志股份有限公司授权使用。

阅读整理学

著　者：外山滋比古
译　者：吕美女
选题策划：后浪出版公司
出版统筹：吴兴元
特约编辑：王　顗
责任编辑：王　巍
封面设计：郭　鹏
营销推广：ONEBOOK
装帧制造：墨白空间

北京联合出版公司出版
（北京市西城区德外大街83号楼9层　100088）
北京嘉实印刷有限公司印刷　新华书店经销
字数105千字　720毫米×1030毫米　1/32　6.5印张　插页3
2014年10月第1版　2016年9月第3次印刷
ISBN 978-7-5502-3152-8
定价：25.00元

后浪出版咨询（北京）有限公司常年法律顾问：北京大成律师事务所　周天晖　copyright@hinabook.com
未经许可，不得以任何方式复制或抄袭本书部分或全部内容
版权所有，侵权必究
本书若有质量问题，请与本公司图书销售中心联系调换。电话：010-64010019